초연결사회의
[ ]들

이 저서는 2019년 대한민국 교육부와 한국연구재단의 지원을 받아 수행된 연구임
(NRF-2019S1A5C2A02082760)

초연결시대
치유인문학
공동저서 5

초연결사회의
증후들

김선희 왕훼링 우관쥔
이지선 이민용 김여진

앨피

머리말

21세기의 우리는 SNS, 휴대폰, 인공지능AI 컴퓨터, 사물인터넷 IoT 등으로 대표되는 초연결시대hyperconnected era에 접어들고 있다. 초연결시대는 연결의 포인트가 급격히 증가한 디지털 시대이기도 하다. 디지털이 전류의 연결과 단절을 통해 정보가 전달되는 방식이듯, 초연결시대의 많은 연결 포인트에는 수없이 많은 연결과 단절의 양태가 존재한다. 곧, 초연결은 수없이 많은 연결과 단절을 포함한 고도의 연결이며, 그 연결은 확장으로, 단절은 간힘으로 나아가기도 한다. 그런가 하면 연결은 동질성과, 단절은 이질성과 함께하기도 하고, 또한 연결과 단절은 정상적인 것과 병리적인 것에 함께 영향을 주고받기도 한다. 이런 면에서 초연결시대는 연결과 단절, 확장과 간힘, 동질과 이질, 정상적인 것과 병리적인 것의 포인트들이 급격히 많아짐과 동시에 전통적인 이분법, 즉 인간/동물, 인간/기계, 정신/신체, 현실/가상 등의 경계를 초월하는 가능성을 함축하는 시대이다. 이 책에서는 이런 것들을 주요 키워드로 다루고 있다.

이 책은 총 6편의 글이 3부로 구성되어 있다. 제1부 '간힌 자들,

나르시스와 혈거인'은 갇혀 있음과 거기서 파생된 문제들을 다루며, 제2부 '지금, 듀오버스Duoverse를 말하다'는 현실과 시뮬레이션, 인간과 비인간, 무한 우주와 갇힌 지구 등과 같은 듀오 세계에 대해 고찰한다. 제3부 '연결과 단절의 와류'는 자기 스토리의 단절과 연결의 문제로 병리적인 것과 치유를 바라보며, 예와 법의 이질적인 것들을 '단절과 재현 사이에서' 살펴본다.

◆ ◆ ◆

　제1부에는 김선희와 왕훼링의 글이 담겼다. 김선희의 〈디지털 나르시스 신드롬: 탈-대지화와 탈-신체화〉는 비대면 시대 디지털 나르시스의 염세적 세계에서 빚어지는 시각의 과도한 확장과 촉각의 과도한 절단에 대한 물음을 니체의 21세기적 해석으로써 답변하려 한다. 이를 위해 인간과 세계의 정체를 우화적으로 드러내는 플라톤의 '동굴의 우화'를 21세기 디지털 가상세계의 시각주의적 경향과 접목해 본다. 그리고 디지털 망막 세계의 탈-감각화, 탈-대지화 현상을 알아보기 위하여 미디어 이론가 매클루언Marshall McLuhan을 중심으로 감각의 확장으로서 지성의 출현으로 인한 인간의 지성화와 세계의 개념화를 살펴보고, 나아가 이것의 결과로서 인간의 탈-신체화, 세계의 탈-대지화로 인한 신체의 역-확장과

절단 그리고 나르시스의 죽음을 살펴본다. 마지막으로 존재의 확장과 절단의 악순환적 관계에 대한 대안적 요청의 현실화로서 니체의 '위버멘쉬Übermensch'를 제시한다. 이로써 단지 양자택일적으로 이분화되는 디지털 가상세계를 좀 더 풍요롭고 건강하게 할 수 있는 니체 기반의 치유적 인간관과 세계관을 포착해 본다.

다음으로 왕휘링의 〈하이퍼리얼리티에 배어들다: 플라톤의 '혈거인'〉은 초연결사회의 증후로서 플라톤의 '혈거인'을 말하며, 새로운 온라인 수업 활동의 가능성을 제시한다. 현재 의사소통 위주의 학습 활동이 물리적 공간의 제약과 신체적 감각의 필요에서 벗어나 인터넷 플랫폼의 음성과 동영상을 통해 전달되는 내용으로만 대체되어 가면서, 학생들은 시공간적 경계감을 상실하고 고립된 사적 공간에서 혈거인처럼 변해 간다. 그렇다면 교사는 온라인 수업 활동의 미적 가치와 감상성을 높이는 방법을 고민해야 한다. 교사는 철학실천을 통해 학생들이 진실과 시뮬레이션이 뒤섞인 세상에서 깨어 있는 사고와 건강한 삶을 영위할 수 있도록 조력해야 할 것이다. 왕휘링은 철학극과 극본 놀이 등 철학실천의 새로운 활동 기법을 더해 학생 관람객의 학습 흥미를 돋우는 한편 수업에서 감상 수준과 비판정신을 기를 수 있는 프로그램을 제안한다.

2부에는 우관췬과 이지선의 글이 실렸다. 우관췬의 〈메타버스 안의 초연결성: 시뮬레이션 우주에서 양자현실로〉는 다음과 같은 내용을 강조한다. 플라톤에서 로버트 노직Robert Nozick에 이르기까지, '현실'은 시뮬레이션 세계에 대한 존재론적 우선권을 가진다. 휴머니즘 정치철학의 관점에서 인간(게임 플레이어)은 비인간(논플레이어 캐릭터 혹은 사물)에 대해 존재론적 우선권을 가진다. 포스트휴머니즘적 '가능성의 정치'는 동시에 이 두 존재론적 위계를 타파하고, 모든 능동자들이 '세계'라는 집합체 안에서 서로 접촉하고 탐구하고 창조해야 한다고 주장한다.

2부 두 번째 글인 이지선의 〈무한 우주에서 닫힌 세계 혹은 갇힌 지상으로: 라투르의 정치생태학과 우주주의적 지구론〉은 다음과 같은 메시지를 남긴다. 브뤼노 라투르Bruno Latour는 2010년대 이후 기후변화, 인류세, 세계화 등 생태정치학적 주제에 본격적으로 천착해 왔다. 그는 이전 혹은 동시대의 기후학·지질학·지구(시스템)과학 이론을 적극적으로 수용하는 한편, 생태 위기를 중심으로 하는 정치적 현안에도 관심을 기울였으며, 이는 2020년 코로나19 상황에도 이어졌다. 이 글은 우선 라투르의 생태정치학에서 첫째, 인류세 개념의 적극적인 도입, 둘째, 가이아 이론의 재평가, 셋째, 인류세와 가이아 이론에 대한 성찰을 종합한 결과로서 지구의 재개념화 등 세 가지 특징을 포착한다. 그리고 라투르가 어떻게 아리스토텔레스적 우주론을 재해석하여 지구에 대한 새로운 시각을 제시하는지 살펴보고, 이를 "우주주의적 지구론"이라 부를 것을 제안한다. 이러한 "우주주의적 지구론"이 코로나19를 비롯한 전 지구적인 정치생태학적 위기에서 어떠한 통찰과 실천의 방향을 제시할 수 있는지 보이는 것이 이 글의 궁극적인 목표다.

3부에는 이민용과 이지선의 글이 수록되었다. 이민용의 〈프로이트의 카타르시스 치료와 내러티브 연결 및 스토리텔링 치료〉는 프로이트가 카타르시스 치료 방법으로 치료한 카타리나 사례를, 초연결시대에 중요한 내러티브 연결과 스토리텔링 치료의 관점에서 연구하였다. 이 글은 내러티브에 치유적 카타르시스 기능과 효과가 있음을 강조하고, 내러티브가 스토리 층위와 담화 층위의 연결, 스토리/담화 구성 요소들의 연결로 되어 있음을 확인하며 이에 근거하여 프로이트의 카타리나 치료 사례를 들여다보았다. 스토리 층위에서 보면, 프로이트는 카타리나의 고통스러운 증상을 치료하기 위하여 고통이 처음 시작된 이야기의 스토리를 찾아 듣고 분석한다. 그래서 증상을 설명하는 스토리에 틈새가 있는 경우, 그 틈새를 메워 줄 새로운 스토리를 찾는다. 그래서 결국 증상은 그것을 설명하는 스토리의 연결로써 평가될 수 있음을 확인하게 된다. 한편 이 글은 내러티브의 담화 층위에서 접근하여, 담화 층위의 구성 요소 중에서 특히 심리적 서술 관점의 변화가 내면의 이야기를 새롭게 해석하는 데에 중요하다는 것을 밝혔다. 이로써 자기 스토리의 틈새를 메우는 서사 연결과 담화 관점의 치유적 전환 및 성찰을 통해 치유의 길이 열릴 수 있다는 것이 강조되었다.

김여진의 〈단절과 재현 사이에서〉는 예와 법의 이질적인 질서 사이에 놓여 있던 전국시대 말기의 사상가 순자荀子가 '이질적인 것'을 다루는 방식을 통해, 이질의 가치를 발굴하고 드러내는 것이 새로운 가치를 인정하는 전제 조건이 될 수 있음을 강조한다. 이질성이 긍정되고 정면의 이면을 발견할 때 공존은 자연히 수반될 수 있기에 필자는 순자가 상이한 관점들 사이에서 양자를 결합하고 융합하는 방식을 검토했다. 제자백가 시대에 순자가 겪었던 시대적 조건은 초연결, 포스트휴먼의 시대로 불리는 오늘날 사회의 대전환기와 다르지 않다. 오늘날 또한 초연결이라는 미증유의 이질적 가치 앞에서 누구도 자유로울 수 없다. 초연결의 시대가 이질에 대한 순자의 정명正名 방식처럼 우리에게도 인식론적 단절을 요구하고 있다. 동질성이나 일체성, 합일성 등은 이미 '인식론적 장애물'이 되고 있기 때문이다.

◆ ◆ ◆

이 책은 서양철학과 동양철학, 과학철학, 문예학 전공자들이 그리스신화, 플라톤, 순자에서 정신분석학, 철학실천, 포스트휴머니즘, 정치생태학, 스토리텔링 치료에 이르기까지 인류의 지혜를 모

아서 초연결시대를 조망하고 있다. 이러한 노력이 초연결사회에
대한 깊이 있는 담론 형성에 보탬이 되기를 바란다.

2022년 6월

집필자 일동

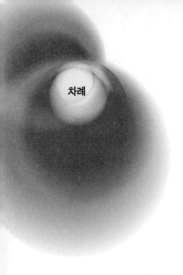

차례

2부 **지금 듀오버스Duoverse를 말하다**

3부 연결과 단절의 와류

프로이트의 카타르시스 치료와 내러티브 연결 및 스토리텔링 치료

들어가며
정신분석과 내러티브 그리고 서사학
내러티브 스토리에서 본 카타리나 치료 사례
스토리의 구성 요소에서 본 내러티브 연결과 프로이트의 카타리나 치료
내러티브 담화에서 본 프로이트의 카타리나 치료 사례
카타리나 치료 사례와 카타르시스 치료, 그리고 스토리텔링 치료
마무리하며

단절과 재현 사이에서

들어가는 말
펼쳐 가며: 정명의 소거의 논리
이질성의 긍정 사례들
평가하며: 방법으로서의 정
정리하는 말

1부

갇힌 자들, 나르시스와 헐거인

디지털 나르시스 신드롬

탈-대지화와 탈-신체화

| 김선희 |

이 글은 2021년 10월 KCI 등재학술지 《니체연구》제40집에 게재한 〈니체와 매클루언에 있어서 디지털 망막 가상화 속 탈—대지화와 탈—신체화에 대한 비판적 담론〉을 수정, 보완한 것임

세계의 디지털 망막화로 인한 탈-신체화, 탈-대지화 현상

코로나19의 광범위한 유행으로 인한 사회적 거리두기의 장기화는 인간과 세계의 관계에 대한 전 지구적 변화를 수반하고 있다. 주지하다시피 2016년 세계경제포럼인 다보스포럼Davos Forum에서 클라우스 슈밥Klaus Schwab에 의해 주목되기 시작한 4차 산업혁명은 그 현실화에 대한 비판적 논의들과 무관하게 사회적 거리두기의 장기화로 인하여 초고속으로 현실화되어 가고 있다. 아날로그 사회에서 디지털 사회로의 급격하고 강제적인 전환은 디지털 공간과 삶의 급격한 확장과 동시에 아날로그 공간과 삶의 전방위적 축소로 이어졌다. 일상의 디지털화는 더 이상 선택이 아니라 유일한 대안으로 급부상하였다.

우리의 일상은 이제 '제로 코로나Zero Corona'에서 '위드 코로나With Corona'로 서서히 전환해 가고 있다. 그 사이에 사회적 거리두기는 다양한 양식으로 일상 공간을 변화시키고 있다. 무엇보다 면대면에서 비대면으로의 급격한 전환은 우리의 일상을 5초超화, 즉 초연결 · 초융합 · 초지능 · 초현실 · 초격차를 특징으로 하는 초연결사회로 전환시키고 있다.[1] 이로 인해 역설적이게도 인류는

---

[1] 5G 초연결사회를 이해하기 위한 5개의 키워드로서 5초超, 즉 연결 그 이상의 연결로서 '초연결사회', 경계의 파괴와 혁신으로서 '초융합', 스마트함을 넘어서는 '초지능', 세상을 보는 새로운 창으로서 '초현실', 그리고 마지막으로 생산성과 성장의 격차 확대로서 '초격차'가 제시되고 있다. 고삼석, 《5G 초연결사회: 완전히 새로운 미래가 온다》, 메디치, 2019, 15쪽, 25~70쪽 참조.

4차 산업혁명이 제시하였던 디지털 인류의 비전이 수반할 탈-아날로그화, 탈-오프라인화를 앞당겨 체험하게 되었다. 이러한 현상은 인류로부터 탈각된 아날로그 일상의 가치를 더욱 선명하게 환기시키고 있다.

이러한 시점에서 디지털 문화와 아날로그 문화가 건강하게 공존하기 위해 선결되어야 할 과제 중 하나는 디스토피아적 의혹을 넘어서는 유토피아적 전망의 실현 가능성을 담보하는 것이다. 이를 위해 경유해야 할 것이 디지털 가상세계와 접속된 우리 삶의 현주소에 대한 비판적 분석이다. 5G로 초연결되어 있는 디지털 인류의 디지털 가상세계에 대한 비판적 분석을 경유한 진단적 성찰은, 세계의 모니터화와 인간의 망막화라는 디지털 세계의 역기능에 의해 상실되고 있는 것의 중요성을 부각시킨다.

이와 같은 맥락을 배경으로 이 글에서는 우선 플라톤의 인간과 세계의 정체를 우화적으로 드러내는 그의 대화편《국가》의 '동굴의 우화Allegory of the Cave'를 21세기 디지털 가상세계의 시각주의적 경향과 접목해 분석해 볼 것이다. 이를 위해 먼저 동굴의 우화 속 동굴의 수감자들과 그림자에 대한 플라톤의 시각주의적 해석을 살펴보고, 나아가 그림자에서 이데아로의 초월로 인한 인간의 지성화와 세계의 개념화, 그리고 다시 이로 인한 인간의 탈-감각화와 세계의 탈-대지화 현상을 드러내 볼 것이다. 다음으로 디지털 가상적 망막 세계의 탈-감각화, 탈-대지화 현상을 알아보기 위해 미디어 이론가 매클루언Marshall McLuhan의《미디어의 이해: 인간의 확장》[2]과《미디어는 마사지다》[3]를 중심으로 먼저 감각의 확장으로서의 지성의 출현으로 인한 인간의 지성화와 세계의 개념화를 살펴보고, 그 결과인 인간의 탈-신체화와 세계의 탈-대지화로 인한 신체의 역-확장과 절단 그리고 나르시스의 죽음을 고찰할 것이다. 마지막으로 이분법적 분열을 기반으로 하는 양자택일적 확장과 절단을 넘어서는 니체Friedrich W. Nietzsche의 존재론적 사유를 사이존재Zwischensein의 관점에서 재해석하고자 한다. 이를 위하여 먼저 존재의 확장과 절단의 악순환 관계에 대한 대안적 사유의 요청을 제시하고, 여기서 한 걸음 더 나아가 이 요청의 현실화로서 니체의 위버멘쉬Übermensch 개념의 촉각적 의미를 사이인간 해석을 통해 드러내고자 한다. 이로써 단지 양자택일적으로 이분화되는 디지털 가상세계를 좀 더 풍요롭고 건강하게 할 수 있는 니체 기반의 치유적 인간관과 세계관을 포착할 것이다. 즉, 필자는 자기동일성의 반영물에 갇힐 수 있는 비대면 시대 디지털 나르시스의 염세적 세계에서 빚어지는 시각의 과도한 확장과 촉각의 과도한 절단에 대한 물음을 니체의 21세기적 재해석 통해 답해 볼 것이다.

---

2 마셜 매클루언, W. 테런스 고든 편집,《미디어의 이해: 인간의 확장》, 김상호 옮김, 커뮤니케이션북스, 2020. (Marshall McLuhan, *Understanding Media: The Extension of Man*, Critical Edition, Gingko Press, 2003)

3 마셜 매클루언 · 틴 피오리,《미디어는 맛사지다》, 김진홍 옮김, 커뮤니케이션북스, 2012. (Marshall McLuhan·Quentin Fiore, *The Medium Is the Massage: An Inventory of Effects*, Jerome Agel Random House, 1967)

디지털 가상세계의 시각주의의 전신으로서 플라톤의 '동굴의 우화' 분석

동굴의 수감자들과 그림자에 대한 플라톤의 시각적 해석

클라우드가 사물의 이데아를 저장하는 뇌라면, 카메라는 그 이데아를 인식하는 눈이다.[4]

이데아를 인식하는 눈을 카메라로 치환하고, 눈에 의해서 포착된 이데아를 저장하는 뇌를 클라우드로 재해석하는 것은 기술 발전의 절정으로 치닫고 있는 21세기 초연결시대에 더 이상 낯선 풍경이 아니다. 플라톤에 있어서 존재론적 서열과 더불어 인식론적 층위를 명시적으로 드러내는 사례들 중 하나가 《국가》 6권의 '선분의 비유Metaphor of the Divided Line'[5]의 서사적 버전이라 할 수 있는 《국가》 7권의 '동굴의 우화'다.[6] 이 양자의 공통점은 사물의 이데

---

4 주영민, 《가상은 현실이다》, 어크로스, 2019, 27쪽.
5 플라톤, 《국가》, 천병희 옮김, 숲, 2014, 379~383쪽. 핵심적인 대목은 다음과 같다: "그러면 이것들을 서로 같지 않은 두 부분으로 나뉜 하나의 선분線分으로 생각하되, 그 두 부분을 각각 가시적인 부류와 지성에 의해 알 수 있는 부류를 나타내는 것으로 치고 다시 같은 비율로 나누어 보게. 그리고 다시 나누어진 부분들을 명확성과 불명확성의 관점에서 서로 비교해 보게. 그러면 가시적인 부류를 나타내는 부분에서 양분된 것 가운데 한쪽은 자네에게 모상模像을 나타내 보일 걸세. 한데 내가 모상이라고 말하는 것은 첫째, 그림자를 뜻하며, 다음에는 물이나 단단하고 매끄럽고 번쩍이는 물체에 비친 영상映像과 그와 같은 모든 것을 뜻하네. 이해했는가?"
6 플라톤, 《국가》, 514a~515a. 선분의 비유와 동굴의 비유 간의 유사성과 더불어 동굴의 비유에 대한 논의로는 다음의 국내 연구를 참조할 수 있다. 특히 강성훈은 선분의 비유의

아를 인식하는 카메라의 아날로그적 기관인 눈을 매체로 하는 시각에 대한 플라톤의 관점이다. 눈을 통해 빛의 자극을 받아들이는 감각 작용으로서 시각에 대한 세밀한 담론은 '동굴의 우화'에서 인간의 본성이 교육을 받았을 때와 받지 않았을 때 드러나는 차이에 대한 등장인물 소크라테스의 비교에서 시작된다.

그래서 내가 말했네. "그럼 이번에는 우리의 본성이 교육을 받았을 때Bildung와 교육받지 않았을 때Unbildung의 차이를 비교해 보기 위해 다음과 같이 상상해 보게. 여기 지하 동굴이 하나 있고, 그 안에 사람들이 살고 있다고 생각해 보게. 동굴의 입구는 길고 동굴 자체만큼 넓으며 빛das Licht을 향해 열려 있네. 그들은 어릴 때부터 다리와 목이 쇠사슬에 묶여 있었기에 언제나 같은 곳에 머물러 있으며, 쇠사슬 때문에 고개를 돌릴 수도 없어 앞쪽밖에 볼sehen 수 없네. 그들의 뒤편 저 멀리 위쪽으로부터는 불빛Licht이 그들을 비추고 있으며, 불Feuer과 수감자들Gefangenen 사이에는 위쪽으로 길

네 부분과 동굴의 비유의 4단계를 일대일 대응 관계로 해석하는 것의 한계를 드러내고 있다. 그는 두 비유가 네 종류로 이루어져 있다는 공통점에는 동의하고 있으나, 이와 같은 네 종류의 다른 실재의 구분과 《국가》 5권에서 두 종류의 실재, 즉 앎의 대상과 믿음의 대상으로 구별하는 경우(476c)나 《국가》 10권에서 세 종류의 실재, 즉 세 종류의 침대를 언급하는 경우(596a 이하)와의 차이 또한 환기시키고 있다. 동굴의 우화와 관련된 추가 연구는 다음과 같다. 강성훈, 〈플라톤의 《국가》에서 선분 비유와 동굴 비유〉, 《철학사상》 27, 2008, 165~200쪽.; 신상희, 〈동굴의 비유 속에 결박된 철학자, 플라톤: 하이데거가 바라보는 플라톤의 좋음의 이데아 성격과 진리경험의 변화에 관하여〉, 《철학연구》 84, 2009, 171~196쪽.; 임성철, 〈플라톤 동굴 비유의 기원에 관하여〉, 《철학논총》 38, 2004, 417~436쪽.; 이유택, 〈철학의 학문성과 하이데거 – 플라톤의 '동굴의 비유' 해석을 중심으로〉, 《하이데거연구》 6, 2001, 257~283쪽.

이 나 있고, 그 길을 따라서는 나지막한 담이 쌓여 있네. 그 담은 인형극 연출자들이 인형극Kunststücke을 보여 주기 위해 자기들 앞에 세우는 무대와 비슷하네."

"네, 상상하고 있어요Ich sehe" 하고 그가 말했네.

"그렇다면 이것도 상상하도록 하게Sieh, 사람들은 그 담을 따라 담 위로 각종 도구들allerlei Gefäße과 입상들Bildsäulen과 돌이나 나무로 만든 동물들의 형상들Bilder과 인공물Arbeit을 운반하고 있는데, 그들 중에서 더러는 말을 하고 더러는 침묵을 지키고 있네."

그러자 그가 말했네. "선생님께서는 이상한 수감자wunderliche Gefangene의 이상한 그림Ein gar wunderliches Bild을 보여 주시는군요."[7]

〔독일어 번역어 병기: 필자〕

위 인용문에서 주목할 점은 '동굴의 우화' 도입부에서부터 드러나는 동굴 속과 그 속의 사람들을 주목하는 플라톤의 방식이다. 플라톤이 사용하고 있는 빛, 지하 동굴, 쇠사슬에 의한 다리와 목의 결박, 고개의 고정, 불빛, 수감자들, 상상, 형상들 등과 같은 상황을 통하여 우리는 플라톤의 시각중심적인 조건을 파악할 수 있다. 보는 시각 활동에 대한 플라톤의 앵글은 이어지는 아래의 인

---

7 플라톤, 《국가》, 514a~515a. 이 장에서 필자는 그리스 원어 접근의 한계와 번역어의 다양한 이해를 위하여 아래의 독일어 번역본을 참조하고 필요할 경우 독일어 번역어를 한글 번역에 병기하였다.: Platon, *PLATON WERKE IN ACHT BÄNDEN(GRIECHISCHE UND DEUTSCHE), VIERTER BAND*, herausg. v. Gunther Eigler, Deutsche Übersetzung v. Friedrich Schleiermacher, Druckhaus Darmstadt GmbH, Darmstadt, 1971.

용문에서 본격적으로 확장된다. 즉, 동굴 속 수감자들의 상황 묘사에서 결박된 눈과 그림자를 기반으로 하는 시각중심적 경향성이 두드러진다.

그래서 내가 말했네. "우리와 같은 사람들을 보여 줄 뿐이네. 자네는 그런 처지에 놓인 사람들이 자신들에 관해서건 남들에 관해서건 불빛에 의해 맞은편 동굴 벽면에 투영된 그림자들die Schatten 외에 무엇을 보았sehen을 것이라고 생각하는가?"

"그들이 평생 동안 고개den Kopf를 돌릴 수 없게unbeweglich 되어 있다면 어떻게 다른 것을 볼 수 있겠어요?" 하고 그가 물었네.

"운반되고 있는 다른 물체들은 어떤가? 역시 그림자밖에 보지 못하겠지?"

"그렇다마다요."

"그런데 만약 그들이 말을 주고받을 수 있다면, 그들은 자기들이 본 그림자들이 실재라고 믿지 않을까?"

"당연하지요."

"어떤가? 또한 감옥 맞은편에서 메아리가 울려 오게 되어 있다면, 지나가던 사람들이 말을 할 때마다 그들은 자기들이 들은 소리가 다름 아니라 자기들 앞을 지나가는 그림자에서 나온 것으로 믿을 것이라고 자네는 생각하지 않는가?"

"제우스에게 맹세코, 나는 그럴 것이라고 생각해요" 하고 그가 대답을 했네.

그래서 내가 말했네. "어쨌거나 그들은 인공물의 그림자die

Schatten jener Kunstwerke 외에는 다른 어떤 것도 진짜das Wahre라고 생각하지 않을 것이네."

"그야 당연하지요" 하고 그가 말했네.[8] (독일어 번역어 병기: 필자)

이처럼 플라톤은 동굴 속 수감자들의 경험을 시각성을 중심으로 조명하고 있다. 수감자가 충분히 사용 가능한 후각이나 미각, 촉각 등의 감각은 전혀 주목하지 않고 있다. 시각성을 가능하게 하는 불빛과 그림자를 보조하는 감각기관으로서 청각이 묘사되고 있을 뿐이다. 역설적이게도 이와 같은 동굴의 비유를 등장인물인 소크라테스가 또 다른 등장인물인 글라우콘을 이해시키는데 이미지 중심의 상상력에 의존하고 있다는 점도 주목할 점이다.

그림자에서 이데아로의 초월
: 인간의 지성화와 세계의 개념화(인간의 탈-감각화와 세계의 탈-대지화)

그래서 내가 말했네. "그렇다면 어떻게 해야 그들이 쇠사슬에서 해방Lösung되고 어리석음Unverstanden에서 치유Heilung될 수 있을지 고찰해 보게. 그리고 그들이 자연스러운 상태로 돌아갈 수 있도록 다음과 같은 일이 그들에게 일어날 수 있는지도 고찰해 보게. 그들 가운데 누가 쇠사슬에서 풀려나 갑자기 일어서서 고개를 돌리고 몸을 움직이며 불빛das Licht을 쳐다보도록 강요받는다면, 그는

8　플라톤, 《국가》, 515a~515c.

고통받을 것이며 광채에 눈이 부셔서 여태까지 보아 온 그림자들의 실물들을 바라볼 수 없을 걸세. 만약 어떤 사람이 그에게 그가 지금까지 보아 온 것들은 하찮은 것들에 불과하지만 지금은 실재에 더 가깝고 실재성이 더 많은 사물들을 향하고 있으므로 더 올바르게 볼 수 있을 것이라고 말하면서 지나가는 것을 일일이 가리키며 저게 뭐냐고 묻고 일일이 대답하도록 강요한다면, 그는 뭐라고 말할까? 그는 당황하지 않을까? 그리고 전에 보았던gesehen 것들이 지금 자기에게 지시된 것들보다 더 진실한 것wirklicher이라고 생각하지 않을까?"

"또한 직접 불das Licht selbst을 보도록zu sehen 강요한다면 그는 눈이 아파서 자기가 볼 수 있는 사물을 향해 달아나지 않을까? 그리고 그 사물들이 지금 자기에게 지시된 것들보다 더 명확하다고 weiter gewisser 생각하지 않을까?"

"그러겠지요" 하고 그가 말했네.[9] (독일어 번역어 병기: 필자)

어두운 지하 동굴, 인공적인 불빛, 인공적인 불빛에 반사되어 동굴 벽에 투영된 그림자를 소비하는 플라톤의 '동굴러'는 21세기 비대면 시대를 지배하고 있는 모니터와 모바일에 결박되어 가는 디지털 인류의 시각중심적 경향성과 이로 인한 탈-감각화와 닮아 있다. 그러나 시각 외의 감각에 대한 배제 패러다임을 수반하는 플라톤의 시각중심적 패러다임은 21세기에 훨씬 강화되고 고도

---

9 플라톤, 《국가》, 514c~515e.

화된 형태로 인간과 세계를 재구조화하고 있다. 이 재구조화를 관통하는 것은 시각을 중심으로 하되 청각의 보조로 이루어진 눈 중심의 인간과 이미지 중심의 세계화라고 할 수 있다.

코로나19로 인한 사회적 거리두기와 더불어 그전부터 전 연령대에서 강화되고 있던 교육과 업무, 일상에서의 디지털화는 인간의 감각기관을 확장하고 세계를 다양화하기보다는 오히려 모니터 속 공간으로 축소하고 단일화하는 경향성을 더해 가고 있다. 이와 같이 디지털 동굴러화되고 있는 우리의 미래 모습에 대한 우려는 아이러니하게도 플라톤의 '동굴의 우화'의 다음과 같은 장면 묘사에 빗대어 볼 수 있다.

> 그래서 내가 말했네. "또한 누가 거칠고 험한 오르막길을 통해 그를 억지로 그곳에서 끌어내며 햇빛 비치는 곳으로an das Licht der Sonne 나올 때까지 붙들고 놓아주지 않는다면, 그는 괴로워하며 반항하지 않을까? 또한 햇빛 비치는 곳으로 나오면 눈die Augen이 광채로 가득 차서 지금 진실한 것das Wahre이라고 일컬어지는 것들을 하나도 볼sehen 수 없지 않을까?"[10] 〔독일어 번역어 병기: 필자〕

언택트 시대의 인류 또한 급속도로 디지털 동굴에 익숙해져 가고 있으며, 그 이면에서 오프라인 세계와의 간극은 더 벌어지고 있다. 이러한 현상의 디스토피아적 예후를 플라톤의 이와 같은 우

---

10 플라톤, 《국가》, 515e~516a.

화를 통해 비유적으로 선취해 볼 수 있을 것이다. 그러나 플라톤의 소크라테스는 이와 같은 디스토피아적 우려에서 멈추지 않고 이를 해소할 수 있는 가능성에 주목한다. 플라톤의 동굴러들의 아래와 같은 전환의 가능성을 눈여겨 볼 필요가 있다.

"적어도 당장에는 볼 수 없겠지요?" 하고 그가 말했다.

"그렇겠지. 위쪽에 있는 사물들을 보려면zu sehen 그것에 익숙해지지 않으면 안 될 테니까. 그는 역시 처음에는 그림자를 가장 쉽게 볼erkennen 수 있을 것이고, 다음에는 물에 비친 사람들이나 다른 사물들의 영상을 볼 수 있을 것이고, 마지막에는 실물 자체를 볼 수 있을 것이네. 그 다음으로 그는 하늘에 있는 것들과 하늘 자체를 보게betrachten 될 텐데, 그에게는 밤에 별빛이나 달빛을 보는 것이 낮에 해나 햇빛을 보는sehen 것보다 더 수월할 것이네."

"어찌 그렇지 않겠어요?"

"마지막에는 태양die Sonne을 보게 될 텐데, 물이나 그 밖에 태양이 본래 있어야 할 장소가 아닌 다른 장소에 비친 영상을 보는 것이 아니라, 본래 있어야 할 장소에서 태양 자체를 직접 보며 anzusehen 관찰하게zu betrachten 될 것이네."

"당연하지요." 하고 그가 말했네.

"그 다음 그는 벌써 계절과 해(年)를 만들어 내는 것이 바로 태양이며, 또한 태양이 가시적인 세계 안에 있는 모든 것을 관장할 뿐만 아니라, 어떤 의미에서는 그와 그의 동료 수감자들이 동굴 안에서 보아 온 모든 것의 원인die Ursache이 된다는 결론에 도달할 것

이네.[11] (독일어 번역어 병기: 필자)

플라톤의 동굴 속 수감자는 '그림자' 단계에서 시작하여 '물에 비친 사람들이나 다른 사물들의 영상'의 단계, '실물 자체'의 단계, 그리고 밤에 '하늘에 있는 것들과 하늘 자체'를 보는 단계를 거쳐서 마지막에는 낮에 '태양'을 볼 수 있는 단계에까지 이를 수 있는 것으로 제시된다. 이와 같은 인식의 전 과정에서 드러나는 특징은 시각성이다. 이러한 시각성은 플라톤이 '태양'을 계절과 해(年)를 만들어 내고 가시적인 세계 안에 모든 것을 관장할 뿐만 아니라 동굴 안에서 본 모든 것의 원인으로 제시할 때 명시적으로 드러난다.

그러나 시각에 대한 플라톤의 주목에서 반전이 일어난다. 동굴 안과 더불어 동굴 밖의 세계도 여전히 시각적 경향성을 드러냄에도 불구하고 동굴 속에서 주목되었던 유일한 감각으로서의 시각이, 비록 간헐적으로 청각이 주목되긴 했지만, 동굴 밖에서는 갑자기 추방되기 시작한다. 시각 대신에 지성die Vernunft이 자리하게 되는 것이다. 유일한 감각기관이었던 시각이 지성에 의해 대체됨으로써 인간은 탈-감각화된다. 탈-감각화 현상은 플라톤이 시각을 통해 나타나는 세계를 감옥의 거처에 비기고, 그 안의 불빛을 태양의 힘에 비기면서, 후자를 지성에 의해서 알 수 있는 세계이자 혼der Seele의 비약으로 간주하는 아래의 인용에서 명료하게 드러난다. 주체의 중심 인식기관의 전환에 상응하여 세계도 전환된

---

11   플라톤, 《국가》, 516a~516c.

다. 플라톤은 지성에 의해서 알 수 있는 세계im Erkennbaren는 가시적인 세계im Sichtbaren와는 달리 스스로가 주인이 되어 진리와 지성을 창조하는 것으로 간주한다. 이로써 지성적인 세계가 플라톤의 이상적인 세계로 자리하는 동시에, 시각에 의한 가시적인 세계는 이상적인 세계에서 배제된다.

그래서 내가 말했네. "여보게 글라우콘, 이제 이 비유 전체를 앞서 말한 것과 결부시켜 보게. 시각을 통해 나타나는 세계를 감옥의 거처에 비기고, 그 안의 불빛은 태양의 힘에 비겨 보라는 말일세. 그리고 위쪽으로 올라가서 위쪽에 있는 사물들을 관찰하는 것die Beschauung은 지성Erkenntniss에 의해 알 수 있는 세계로 혼Seele이 비약하는 것에 견주게. (중략) 아무튼 내 의견은 지성에 의해 알 수 있는 세계에서도 선의 이데아die Idee des Guten는 마지막으로, 또한 노력을 해야만 겨우 볼 수 있다는 것이네. 그러나 일단 본 이상에는, 그것이 모든 사람을 위해 온갖 올바른 것과 아름다운 것의 원인이며, 가시적인 세계에서는im Sichtbaren 빛과 빛의 주인을 낳고 지성에 의해 알 수 있는 세계에서는im Erkennbaren 스스로 주인이 되어 진리Wahrheit와 지성Vernunft을 창조한다는 결론을 내리지 않으면 안 된다는 것이네."[12] 〔독일어 번역어 병기: 필자〕

---

12 플라톤, 《국가》, 517a~517c. 대화편 인용의 서두에서 던진 교육에 대한 플라톤의 입장은 다음과 같이 정리된다.: "그렇다면 교육이란 혼의 지적 기관을 어떤 방법을 써야 가장 쉽고 가장 효과적으로 전향시킬 수 있는가 하는 기술이지, 그 기관에 시력을 넣어 주는 기

디지털 가상의 시각세계의 탈-감각화, 탈-대지화 현상

감각의 확장으로서 지성의 출현으로 인한 인간의 지성화와
세계의 개념화

그렇기 때문에 동물은 아무런 인식 없이 그저 살아온 알이나 모태에서 떨어져 나온 순간부터 양분을 찾아내고 골라야 한다. 이를 통해 이 경우 동기에 따른 운동과 동기로 말미암은 인식이 필요하게 되고, 그러므로 인식은 의지의 객관화 단계에서 요구되는 보조수단Hülfsmittel, 즉 메카네Iμηχανη로서 개체를 유지하고 종족을 번식시키기 위해 나타난다. 사실 객관화되는 의지의 다른 모든 노력이나 규정이 어떤 기관을 통해 나타나듯, 즉 표상을 위해 하나의 기관으로 나타나듯이 인식은 뇌수나 보다 큰 신경절을 통해 나타난다. 그런데 이 보조수단, 즉 메카네가 생기면서 단번에 표상으로서의 세계가, 그것의 모든 형식인 객관과 주관, 시간과 공간, 다수성 그리고 인과성과 더불어 존재한다.[13]

쇼펜하우어의 이와 같은 논의는 보조수단, 즉 메카네로서 이성적 인식의 출현을 통해 의지가 자기확장하는 현장을 단적으로 드

술이 아닐세. 그보다는 오히려 그 기관은 시력을 갖고 있는데도 방향이 옳지 못한 나머지 보아야 할 곳을 보지 못하고 있으니 이를 연구해서 시정하는 기술이라고 할 수 있을 것이네." 플라톤, 《국가》, 518d.

13 A. 쇼펜하우어, 《의지와 표상으로서의 세계》, 홍성광 옮김, 을유문화사, 2015, 261쪽.

러내고 있다. 미디어 이론가 매클루언이 주목한 신체의 확장[14]으로서 기술 개발이 미디어와 우리 신체의 관계를 설명하는 데에 매우 매력적인 관점을 제시한 것으로 파악할 경우, 우리가 고찰할 것은 보조수단으로서 신체 확장의 정체다. 매클루언이 미디어의 엄청난 영향력에 주목하며 '미디어에 접촉하지 않거나, 이 미디어로부터 아무런 간섭을 받지 않거나, 미디어에 의해 아무런 영향을 받지 않을 수 없다'고 할 때, '미디어는 마사지다'라는 명제가 뚜렷하게 드러난다.[15] 그는 바퀴를 발의 확장으로, 책을 눈의 확장으로, 옷을 피부의 확장으로, 그리고 전자회로를 중추신경계의 확장으로 파악한다.[16]

매클루언에 있어서 흥미로운 지점은, 이와 같이 인간의 감각이나 중추신경계의 확장으로서의 미디어를 우리의 감각 확장 현상으로 보는 데서 멈추지 않고, 역으로 이 미디어가 우리의 감각 자체에 행사하는 현상을 통찰하는 데까지 나간다는 것이다. 그는 미디어가 환경을 변화시킴으로써 우리 내부에 있는 특정 부위를 자극하여 지각하게 함으로써 감각의 확장이 우리의 사고와 행동 유형을 변화시킨다는 관점으로까지 나아간다.[17] 이러한 현상은 감각의 역-확장, 즉 미디어를 통해 자신을 확장하던 감각이 거꾸로 미디어를 확장하는 역-현상이라고 할 수 있다. 물론 수단과 주체 간

----

14 마셜 매클루언, 《미디어의 이해: 인간의 확장》, 5~6쪽 참조.
15 마셜 매클루언 · 틴 피오리, 《미디어는 맛사지다》, 26쪽 참조.
16 마셜 매클루언 · 틴 피오리, 《미디어는 맛사지다》, 31~40쪽 참조.
17 마셜 매클루언 · 틴 피오리, 《미디어는 맛사지다》, 31~40쪽 참조.

의 역-전도 현상은 니체의 계보학적 통찰에서 인간이 다른 인간을 지배하기 위해 고안한 도덕과 같은 언어가 거꾸로 인간을 지배하는 것에서도 나타난다. 이로써 인간 자신은 언어의 지배를 받고 있음에도 불구하고 자신의 언어의 기원과 유래와 발생에 무지함으로써 자신이 자신에게 이방인이 되는 현상에서 명시적으로 통찰된다.[18]

매클루언의 통찰에서 또 다른 흥미로운 면은, 이와 같은 감각의 확장과 역-확장이 불러오는 감각의 절단 현상에 주목하였다는 데에 있다. 그의 논의는 문자 이전 사회의 감각기관으로서 귀에 대한 주목, 그리고 표음문자의 대두로 초래된 눈의 중심 감각기관으로의 부상에 대한 주목[19]에 그치지 않는다.[20] 그는 자신을 확장하는 것은 모두 '자가절단autoamputation'이라는 의학자들의 주장을 미디어 이론에 적용한다.[21] 이는 병든 때든 건강한 때든 간에 자신을 확장하는 것은 모두 균형을 유지하려는 시도라는 의학자들의 주장에 근거한다. 그러나 과연 이와 같은 자가절단이 모두 균형을 유지하는 데에 성공적인지의 여부는 매우 중요한 물음이다.

예술가란 자연과학이건 인문과학이건 관계없이 어떤 분야에서

---

18 프리드리히 니체, 《도덕의 계보》, 김정현 옮김, 책세상, 2002, 337~338쪽 참조.
19 마셜 매클루언·퀸틴 피오리, 《미디어는 맛사지다》, 44쪽 참조.
20 이와 같은 인간의 감각의 자기확장이 역으로 감각을 절단하는 역설적 현상은 주지하다시피 니체 있어서 비판되는 전통 형이상학에 의한 이성의 확장이 수반하는 감각이나 신체의 절단 현상에서 더 근본적으로 포착된다.
21 마셜 매클루언, 《미디어의 이해: 인간의 확장》, 98쪽 참조.

든, 자신이 속한 시대에 대해서 자신의 행동과 새로운 기술이 갖는 함의를 파악해 내는 사람을 말한다. 그는 통합된 정신의 소유자다.[22]

새로운 기술에 일격을 당한 희생자들은 하나같이 예술가들이 비현실적이라거나 공상적인 것만 좋아한다는 식의 진부한 비판을 해 왔다는 점을 지적하면서 매클루언이 제시하는 대안이 바로 '예술가' 개념이다. 어떤 시대에서든 기술의 타격으로부터 한 걸음 비켜서서 충분한 자각을 가지고 그런 폭력을 받아넘길 수 있었던 예술가의 능력은 옛날부터 알려진 사실이다. 그러나 마찬가지로 새로운 폭력으로부터 비켜설 능력이 없는 새로운 기술의 희생자들이 예술가의 필요성을 인식하지 못한다는 사실도 아주 오랫동안 전해지는 이야기임을 그는 고지한다.[23] 이와 같은 치명적인 현상을 그는 다음과 같은 나르시스 신화를 재해석함으로써 드러낸다.

그리스의 나르시스에 관한 신화는 '**나르시스**Narcissus'라는 말이 보여 주듯 인간의 경험과 직접적인 관계를 맺고 있다. 이 말은 혼수상태나 감각 마비를 의미하는 그리스어 '**나르코시스**narcosis'에서 파생된 말이다. 젊은 나르시스는 물속에 비친 자기 모습을 다른 사람으로 착각했다. 이처럼 거울을 통해 자신을 확장할 경우, 자

---

22 마셜 매클루언, 《미디어의 이해: 인간의 확장》, 142쪽.
23 마셜 매클루언, 《미디어의 이해: 인간의 확장》, 143쪽.

디지털 나르시스 신드롬 |

기 자신이 스스로의 확장된 이미지나 반복된 이미지의 자동제어 체계servomechanism가 되기 전까지는 그 지각이 마비된 상태에 빠지게 된다. 숲속의 요정 에코는 나르시스가 내뱉은 단편적인 말을 다시 메아리로 울리면서 사랑을 얻으려 했지만 모두 허사였다. 나르시스의 감각이 마비되어 있었기 때문이다. 나르시스는 스스로, 자기 자신이 확장된 것에 적응하는 데 골몰했고, 결국 폐쇄적 체계에 갇히고 말았다.[24]

매클루언은 나르시스 신화가 말하려는 핵심을 인간이 자기 자신이 아니라 자신을 확장한 어떤 물건들에 단번에 사로잡히게 되었다는 사실이라고 지적한다. 이와 같은 신체의 확장으로서 미디어들, 그리고 인간의 자기동일적 폐쇄 체계에 대한 논의는 니체에게서도 다음과 같이 선명하게 나타났다.

아, 형제들이여, 내가 지어낸 이 신은 신이 모두 그리하듯이 사람이 만들어 낸 작품이자 광기였다! 그는 사람이었고, 사람과 자아의 빈약한 일부분이었을 뿐이다. 이 유령이 그 자신의 재와 불길로부터 내게 온 것이지, 진정! 저편의 세계에서 온 것은 아니었다!"[25]

이처럼 니체가 신을 '사람이었고, 사람과 자아의 빈약한 일부분

---

24 마셜 매클루언, 《미디어의 이해: 인간의 확장》, 97쪽.
25 프리드리히 니체, 《차라투스트라는 이렇게 말했다》, 정동오 옮김, 책세상, 2018, 47~48쪽.

이었을 뿐'이라고 할 때, 신은 인간의 자기확장임이 제시된다. 그렇다면 인간의 자기확장으로서 미디어는 인간과 어떤 관계를 갖게 될 것인가? 니체에 있어서 인간이 인간에 의해 고안된 신을 신봉함으로 인해 인간이 스스로의 존재론적 정당성을 절단함으로써 인간과 신이 주객전도되듯이, 매클루언에 있어서도 인간 감각의 확장으로서 새로운 미디어가 인간 감각을 절단하는 주객전도 현상이 잘 포착되고 비판되고 있다.[26]

매클루언은 나르시스의 죽음의 원인을 자기에 대한 도취가 아니라 나르시스가 자기확장된 이미지를 자신과 독립적인 것으로 착각했을 뿐만 아니라, 바로 이 착각이 그를 마비시켰다는 것에서 찾는다. 따라서 나르시스가 자신이 사로잡힌 존재가 자기의 확장임을 모르고 오히려 자기와 독립적인 것으로 착각한 사건이 불러온 감각의 마비를 매클루언은 나르시스의 죽음의 원인으로 주목한다. 이로 인해 나르시스는 폐쇄적 체계에 갇히고 마침내 죽음에 이르게 된 것이다.

신체의 역-확장과 절단 그리고 나르시스의 죽음

미디어를 통한 인간의 자기확장이 역으로 인간을 통한 미디어의 자기확장이 되어 버리는 역전 현상의 결정적 순간은 전기기술 시대의 도래와 함께 인간이 감행한 새로운 확장, 즉 '중추신경계 그 자체를 하나의 살아 있는 모델로 확장, 또는 자기 자신의 외부에

---

26   마셜 매클루언, 《미디어의 이해: 인간의 확장》, 98~108쪽 참조.

설치'한 때다.[27] 매클루언은 이와 같은 기술 발전 단계가 요구하는 것은 인간 자신에게 필사적인 동시에 자살에 가까운 '자가절단'임을 환기시킨다. 이러한 극단적 현상의 출현에서 매클루언이 주목하는 것은 중추신경계다. 광폭한 기계주의의 투석과 화살에 맞서는 보호 완충기 역할을 해 왔던 신체기관이 더 이상 감당할 수 없는 지경에 도달했을 때,[28] 여기서 중추신경계가 시도한 마지막 확장이 바로 자기 자신의 확장인 것이다.

이러한 치명적인 발전을 해명해 줄 법한 단 하나의 원인을 매클루언은 다시 나르시스 테마를 통해서 제시하고자 한다. 왜냐하면 나르시스가 자신의 자가절단된 이미지 때문에 마비된 것이라면 그런 마비에는 충분한 이유가 있을 것이기 때문이다.[29] 외상이나 충격은 모든 종류의 지각에 마비를 유발하거나 자극에 반응하는 정도를 높여서 감각을 무디게 만든다고 한다.[30] 그러나 이와 같이 불가피해 보이는 기술적인 확장이나 자가절단에 상응하는 특정 감각 또는 능력의 작용은 나머지 다른 감각기관들 간의 폐쇄 또는 균형 추구의 가능성을 열어 놓는다.

특히 매클루언은 감각이나 색깔 내의 구성 요소들 간의 비율이 무한히 다를 수 있음을 지적하면서, 청각이 강조될 때 미각이나

---

27 마셜 매클루언, 《미디어의 이해: 인간의 확장》, 100쪽.
28 마셜 매클루언, 《미디어의 이해: 인간의 확장》, 101쪽.
29 마셜 매클루언, 《미디어의 이해: 인간의 확장》, 101쪽.
30 마셜 매클루언, 《미디어의 이해: 인간의 확장》, 102쪽.

촉각 그리고 시각이 동시에 받는 영향을 주목한다.[31] 이는 미디어로 인한 인간의 특정 기관의 확장이 해당 기관의 절단뿐만 아니라 다른 기관의 절단에 미칠 영향력을 드러낸다. 즉, 바퀴라는 새로운 미디어의 확장은 발의 절단만을 초래하지 않고 다른 기관의 절단을 수반할 수 있다는 것이다. 이처럼 모든 발명이나 기술이 인간 신체의 확장 또는 자가절단이라는 현상에 덧붙여, 신체 기관의 확장은 확장되지 않은 다른 기관, 신체의 다른 확장들 사이의 새로운 결합 비율 또는 새로운 균형 상태를 요구하게 된다는 매클루언의 주목은 시사하는 바가 크다.[32]

이와 같은 감각 생활의 확장물이자 촉진자로서 모든 미디어가 감각의 모든 영역에 한꺼번에 영향을 미칠 때 수반되는 역기능을 매클루언은 다윗이 〈시편 제115장〉에서 설명한 다음의 내용, 즉 인간의 손으로 만든 '우상'으로 인하여 역설적으로 인간 자신의 감각이 '폐쇄'되는 현상을 제시한다.

그들의 우상은 금과 은이고,

....

[31] 예를 들자면, 라디오는 문자적 혹은 시각적인 사람에게 그의 부족적인 기억을 다시 일깨워 주었고, 활동사진에 추가된 소리의 효과는 무언극mime의 역할, 촉각적 성질, 근육 운동을 감소시켰다고 한다. 마셜 매클루언, 《미디어의 이해: 인간의 확장》, 103쪽.

[32] 예를 들자면, 인간은 텔레비전 영상이 불러일으키는 새로운 감각 비율이나 감각 '폐쇄'를 따르지 않을 수 없게 된다는 것이다. 나아가 텔레비전 영상의 도입이 가져오는 효과는 각각의 문화가 이미 지니고 있는 기존의 감각 비율에 따라 다르게 나타난다고 한다. 즉, 청각과 촉각이 중시되는 유럽에서 텔레비전은 시각을 강화하고, 고도로 시각적 문화를 가지고 있는 미국에서는 비시각적인 세계로 향하는 청각적이고 촉각적인 지각의 문을 열게 된다는 것이다. 마셜 매클루언, 《미디어의 이해: 인간의 확장》, 104쪽 참조.

인간의 손으로 만든 것이다.

입이 있으되 말하지 못하고

눈이 있으되 보지 못한다.

귀가 있으되 듣지 못하고

코가 있으되 냄새 맡지 못한다.

손이 있으되 아무것도 다루지 못하며

발이 있으되 걷지 못한다.

목청으로 소리를 내지도 못한다.

그것들을 만든 자들도

그것들을 신뢰하는 자들도

모두 그것들과 같네.[33]

인간이 스스로 미디어를 만들었음에도 불구하고 인간의 감각은 확장되지 않고 오히려 감각 폐쇄를 겪게 된다. 다윗에 의해서 제시된 인간의 우상은 입, 눈, 귀, 코, 손, 발, 목청이 작동하지 않는 금과 은으로 된 우상이었다. 그뿐만 아니라 우상화로 인하여 자신의 손으로 우상을 만든 자 또한 금과 은으로 된 우상과 마찬가지로 신체가 작동하지 않았다. 매클루언은 감각의 폐쇄를 초래한 우상화 과정에 주목한다. 그는 인간이 일상적으로 미디어를 사용하면서 기술을 계속 받아들이는 것이, 우리가 우리 자신의 이미지를 인식할 때 무의식적인 지각과 마비를 일으키는 나르시스의 역할

---

33 마셜 매클루언, 《미디어의 이해: 인간의 확장》, 104~105쪽.

을 그대로 따라하게 만드는 것임을 포착한다. 즉, 지속적인 기술의 수용은 인간 자신을 그 기술의 자동제어 체계로 만듦으로써 인간은 자신의 확장물을 신이나 종교처럼 우상으로 섬기게 된다는 것이다.[34] 이것이 바로 나르시스의 마취의 이유이자 죽음의 이유로 매클루언이 제시하는 것이다.

하지만 21세기 인간이 만든 디지털 우상은 어떨까? 디지털 우상 자체가 감각 폐쇄되는가? 그리고 그것을 만든 인간도 감각 폐쇄되는가? 저 다윗의 우상이 인간의 '손으로' 만든 금과 은으로 된 우상이라면, 21세기 우상은 인간의 '두뇌로' 만든 인공지능 우상이다. 따라서 우리는 또 다른 기술의 시대로서 초-전기기술 시대에 초래된 기이하고 치명적인 인간의 자기확장으로 중추신경계 그 자체를 자기 자신의 외부에 작동하는 모델로 확장해 설치한 현상을 다시 상기해야 할 것이다.[35] 이는 인간의 확장을 감각기관으로만 제한하는 것이 아니다. 이는 오히려 한 걸음 더 나아가 감각들과 관계된 다양한 미디어를 통합하는 전자네트워크의 중심 역할을 하는 중추신경 자체의 우상화 현상과 이로 인한 자가절단이자 폐쇄 현상을 수반한다.

이러한 현상은 플라톤이 《파이드로스》의 '쌍두마차의 비유'[36]에서 제시한 두 마리 말과 이 말을 조정하는 마부 이야기에서, 마부

---

34 마셜 매클루언, 《미디어의 이해: 인간의 확장》, 106쪽.
35 마셜 매클루언, 《미디어의 이해: 인간의 확장》, 100쪽.
36 플라톤, 《파이드로스》, 천병희 옮김, 숲, 2013, 58~60쪽.

의 자가절단이자 폐쇄에 비유될 수 있을 것이다. 마비, 즉 이성의 비대화와 더불어 기개와 욕망과 같은 다른 기관의 절단은 결과적으로 이성의 과부하 현상을 초래하고, 이 과부하는 다시 인간으로 하여금 이성의 외부에 이성을 대체할 미디어를 확장함으로써 역설적으로 이성 자체가 폐쇄되는 악순환을 유발한다. 이는 주지하다시피 니체가 전통 형이상학의 이성 비대화 현상과 그 이면의 신체 왜소화를 비판하며 핵심적으로 지적하는 바와 직접적으로 접목된다.

그렇다면 매클루언이 미디어를 통한 인간의 자기확장과 절단의 역설적 현상을 진단하는 데 사용한 나르시스 테마에서 나르시스의 죽음의 원인이자 마비의 원인을 좀 더 살펴보자. 이를 위해 오비디우스Publius Ovidius Naso의《변신 이야기 1》의 나르시스 신화를 다시 보자.

그는 자기 자신을 아름다운 소년이게 하는 이 모든 것들에 경탄했다. 그는 자기도 모르는 사이에 자신을 갈망하고 있는 것이었다. 그가 사랑하는 대상은 물론 자기 자신이었다. 그는 쫓는 동시에 쫓기고 있었다. 그는 격정으로 타오르는 동시에 태우고 있었다. 이 무정한 샘물에 입술을 대었으나 하릴없었다. 영상의 목을 감촉하려고 물에도 손을 넣었으나 이 역시 부질없는 짓이었다. 자기 자신의 목에다 손을 대면 될 일이나, 그는 이것을 알지 못했다. 그저 영상이 지펴 낸 불꽃, 그의 눈을 속이는 환상, 그 환상이 지어 낸 기이한 흥분에 쫓겼다. (중략)

"숲이여! 사랑을 나보다 더 아프게 사랑하는 자를 본 적이 있는가? (중략) 아득하게 긴 세월을 산 숲이여, 그 긴 세월을 살아오면서 나만큼 괴로워하는 자를 본 적이 있는가? 나는 사랑한다. 내가 사랑하는 자는 여기에 있다. 그러나 내가 사랑하고 내가 보는 내 사랑에, 나는 아무리 손을 내밀어도 마침내 닿지 못하는구나. 이를 어쩌면 좋은가? 내 사랑이 나를 피하는구나. 우리를 갈라놓는 것은 저 넓디넓은 대양도 아니요, 먼 길도 아니요, 성문의 빗장이 걸린 성벽도 아니다. 견딜 수가 없구나. 많지도 않은 물이 우리를 갈라놓고 있으니, 참으로 견딜 수가 없구나."[37]

나르시스 신화에 대한 매클루언의 새로운 해석이 감각의 확장에서 중추신경의 확장에 이르기까지, 그리고 이와 동시적으로 발생하는 인간의 자가절단마저 파악하고 있음에도 불구하고, 그가 놓치고 있는 것이 있다. 그것은 바로 자기폐쇄적 체계에 갇힌 나르시스의 죽음의 또 다른 원인이다. 나르시스의 죽음의 원인은 나르시스 자신이 자기 외부에 자기확장된 자신의 아름다운 모습에 의해 마비된 것뿐만 아니라, 그 아름다운 모습을 '만질 수 없었다'

---

37 오비디우스, 《변신 이야기1》, 이윤기 옮김, 민음사, 2005, 129~138쪽. 〈미소년 나르키소스와 에코〉에서 강의 요정 리리오페는 아들인 나르키소스가 천수를 누릴 것인지 예언가 테이레시아스에게 물어보았고, 이에 대한 그의 답변으로 시작하는 신화의 결말은 다음과 같다. "아, 그랬었구나. 내가 지금껏 보아 오던 모습은 바로 나 자신이었구나. 이제야 알았구나, 내 그림자여서 나와 똑같이 움직였던 것이구나. 이 일을 어쩔꼬, 나는 나 자신을 사랑하고 있었구나. 나 자신에 대한 사랑의 불길에 타고 있었구나. 나를 태우던 불길, 내가 견디어야 했던 그 불 … 그 불을 지른 자는 바로 나였구나."

는 것이다. 나르시스는 자신의 눈을 통해 샘물에 반사된 아름다운 자신의 '시각적 이미지를 볼 수' 있을 뿐이었다. 그는 아무리 손을 내밀어도 그 존재에 닿지 못했다. 단지 눈으로 보는 것만이 허용될 뿐, 접촉적 촉각은 허용되지 않는다. 이처럼 주체와 대상 간의 절대적 거리로 인한 접촉 불가능성이 나르시스를 절대고독에 빠지게 했다. 이러한 현상은 21세기에 여전히 강화되는 시각 중심 미디어가 지니고 있는 촉각성의 결핍이자 사유 중심의 인간에서 상실된 신체와 더불어 이들의 공존으로서 감각적 세계에 대한 철학적 담론의 재인식의 중요성을 예인한다.

양자택일적 확장과 절단에서 양자 사이존재Zwischensein로의 니체적 사유

존재의 확장과 절단의 악순환 관계에 대한 대안적 사유의 요청

그러나 책으로 둘러싸인 벽, 그러니까 페이지와 단어로 이루어진 벽에는 하나의 빈 공간이 있었다. 바로 창문이었다. 글을 쓰는 동안 에스테반 웨르펠은 그곳으로 하늘과 버드나무와 연못, 그리고 그 도시의 가장 커다란 공원과 그곳의 백조들을 위해 지은 조그만 집을 볼 수 있었다. 그 창문은 그의 외로움을 깨뜨리지 않은 채 책의 어둠 속으로 길을 열었고, 혼자 사는 데 익숙하지 않은 사람들의 가슴에 유령을 만들곤 했던 또 다른 어둠을 누그러뜨리고

있었다.[38]

베르나르도 아차가Bernardo Atxaga의 소설 속 주인공 에스테반 웨르펠이 과연 책으로 둘러싸인 장소 안에 있으면서도 그 바깥 세계와 생생하게 교감하고 공감할 수 있었던 이유나 방법은 초연결사회에서 매우 중요한 철학적 이슈일 수 있다. 21세기 인간은 디지털 창, 즉 윈도에 갇힌 마지막 디지털 인간이자 나르시스라고 할 수 있다. 자신의 세계에 자폐적으로 머무는 대신 좀 더 세상과 소통하고 교감할 수 있는 방법에 대한 논의는, 그럴 수 없는 이유에 대한 논의와 더불어 매우 치유적이고 대안적인 화두를 요청한다.

그렇다면 에스테반 웨르펠이 두 세계에 동시에 있을 수 있는, 즉 둘 중 하나의 세계를 선택하는 양자택일적 선택이 아니라 두 세계를 공유하는, 다시 말해 책 안의 세계에 머물면서 동시에 책 밖의 세계에 머물 수 있었던 이유는 무엇일까? 아날로그 문화와 디지털 문화 사이 경험을 가능하게 하는, 또는 그것에 실패한 이유나 원인을 분석하는 것은 이와 연계된 두 문화의 상이성과 공통점을 밝히는 과정이 될 것이고, 이는 이미 디지털 사회로 진입함과 동시에 아날로그 사회에 여전히 체류하고 있는 21세기 인간을 위한 대안적 담론을 가능하게 할 것이다.

더 건강한 디지털 시대에 필요한 인간상은 아날로그 문화 지식

---

38 베르나르도 아차가, 《오바바 마을 이야기》, 송병선 옮김, 현대문학, 2011, 9~10쪽. 소설 속 시간은 1958년 2월 17일이다. 베르나르도 아차가, 《오바바 마을 이야기》, 12쪽 참조.

의 디지털 저장고인 책들로 둘러싸여 있으면서도 동시에 그곳에 자신을 감금하는 대신 그곳의 아날로그 외부인 '하늘과 버드나무와 연못, 그리고 그 도시의 가장 커다란 공원과 그곳의 백조들을 위해 지은 조그만 집'을 볼 수 있는 윈도우를 알고 있었던 에스테반 웨르펠이다. 종이책에 의존하던 아날로그 시대 철학이 강단철학이라는 오명에서 자유롭지 못했듯, 디지털 시대의 디지털 세대는 디지털 윈도우, 즉 구글 검색창 · 네이버 지식인 · 유튜브 등과 같은 폐쇄된 디지털 세계 속에 자신을 감금하는 것으로부터 과연 얼마나 자유로운가? 플라톤적 전통이 이데아계라는 이상 세계로 전도됨으로써 현실 세계에 소홀하였다면, 디지털 세대는 FANG facebook · amazon · netflix · google이 제공하는 온라인 세계로의 전향을 통해 오프라인 세계와 수직적인 관계를 가속화하고 있다.

아날로그 전통 속 책과 세상 사이의 단절과 고립 가능성을 에스테반 웨르펠은 저 '창문'을 통하여 극복하고자 한다. 그의 창문은 이전 세계와 새로운 세계 중에서 양자택일이 아니라, 그 사이 공간의 알아챔을 통한 두 세계의 연결을 가능하게 한다. 사이공간으로서 창문은 사이인간과 사이세계를 가능하게 하는 산파 역할을 수행할 것이다.

아날로그 전통에서 강단에 매몰되지 않고 강단의 안과 밖을 연결하는 것이 중요하듯이, 디지털 시대에도 아날로그 자아와 디지털 자아 중 하나에 사로잡히는 대신에 이 양자를 연결하는 인간의 새로운 정체성이 환기되어야 할 것이다. 초-연결을 외치는 디지털 시대가 수반할 수 있는 역설적 현상으로서 초-단절이라는 디지털 병리 현상으로부터 조금 더 자유롭기 위해서 우리 시대는 에스테반 웨르펠의 창문을 찾고 만들어 가는 새로운 인간상의 가치를 환기해야 할 것이다.

니체에 있어서 촉각적 인간으로서 위버멘쉬^{Übermensch}

부단히 양자택일적 선택을 해 온 인류는 이성으로의 확장에 의해서 신체의 절단을 수반하였고, 개념 세계로의 확장을 통해 탈-대지화된 세계로 가속적 이주 중에 있다. 이 두 세계를 연결할 수 있는 에스테반 웨르펠의 창문이 필요하며, 이를 위해서는 매클루언의 예술가[39]가 필요하다. 필자는 이분화된 세계를 연결할 에스테반 웨르펠의 창문이자 이 창문을 제작할 매클루언의 예술가의 사유를 양자택일이 아니라 양자 사이로 우리를 안내하는 니체를 통해서 찾아보고자 한다. 이를 드러내는 니체 사유의 대표적인 용어가 바로 두 다리mit zwei Beinen, 교량die Brücke, 밧줄das Seil, 아티케 예술die Attische Kunst,[40] 디오니소스Dionysos, 사티로스der Satyr, 위버멘쉬Übermensch, 디오니소스적 예술가der Dionysische Künstler 등이다. 마지막 인간der letzte Mensch이 아닌 위버멘쉬로서 확장된 인간, 디지털 가상의 윈도우에 감금된 나르시스를 치유할 대안적 인간에 대한 니체의 사유를 선취해 보자.

39   마셜 매클루언, 《미디어의 이해: 인간의 확장》, 143쪽.
40   김선희, 〈염세주의와의 새로운 관계 방식으로서 니체의 아티케 비극 분석: 강함의 염세주의와 약함의 염세주의〉, 《니체연구》 제39권, 한국니체학회, 2021, 7~39쪽 참조.

그런데 이것은 디오니소스 개념 그 자체인 것이다. — 바로 그래서 또 다른 생각 하나가 차라투스트라 유형에 흘러들어 간다. 그 생각은 차라투스트라 유형의 심리적인 문제에 관한 것이다. 즉, 어떻게 이제껏 긍정되어 왔던 모든 것에 대해 전대미문의 부정의 말을 하고 부정하는 행동을 하는 그가, 그럼에도 불구하고 부정하는 정신의 반대일 수 있느냐는 것이다: 어떻게 가장 무거운 운명을, 숙명적인 과제를 짊어지고 있는 정신인 그가, 그럼에도 불구하고 가장 가볍고도 가장 피안적일 수 있는가 하는 것이다—차라투스트라는 춤추는 자이다—; 실재에 대해 가장 가혹하고 가장 무서운 통찰을 하는 그가 "가장 심연적인 사유"를 생각하는 그가, 그럼에도 불구하고 어떻게 그 사유에서 삶에 대한 반박을 목격하지 않고, 삶의 영원한 회귀에 대한 반박조차 목격하지 않으며—오히려 모든 것에 대한 영원한 긍정 **자체일 수 있는** 근거를 하나 더 갖게 되는가 하는 것이다. 즉, "웅대하며 한없는 긍정과 아멘을 말할" 근거를 … "모든 심연 속으로 나는 내 축복을 긍정하는 말을 가져간다" …

그런데 이것은 또다시 디오니소스란 개념이다.[41]

이렇듯 니체는 차라투스트라 유형의 심리적인 문제, 즉 긍정해 왔던 것에 대한 부정의 말과 행동에도 불구하고, 부정하는 정신의 반대일 수 있는 이유이자 가장 무거운 운명을 지고 있는 정신임에도 불구하고 가장 가볍고도 피안적일 수 있는 이유, 나아가 실재

---

41 프리드리히 니체, 《이 사람을 보라》, 백승영 옮김, 책세상, 2005, 431쪽

에 대해 가장 심연적인 사유를 생각하는 그의 사유에서 삶에 대한 반박이 아니라 영원한 긍정 자체일 수 있는 근거를 하나 더 갖는 이유를 디오니소스 개념 자체로 제시한다. 이는 디오니소스 개념 자체를 통해 니체가 긍정과 부정 사이, 무거움과 가벼움 사이, 반박과 긍정 사이의 양립 불가능한 이분법의 두 축을 자기 안에 공존케 하는 사이인간의 개념을 드러내고 있음을 알 수 있다. 니체가 인간에 있어서 위대한 것으로서 '오르막길이자 내리막길ein Übergang und ein Untergang'을 제시할 때 사용되는 오르막길과 내리막길 사이의 '그리고und'를 통해서 이와 같은 사이성이 재확인된다.[42] 그러나 이러한 사이성은 니체가 '나는 법'을 가르칠 자를 찾고, 이 자를 통해 사물들 사이에 심어 두었던 경계석들 자체를 공중으로 날아가게 하고, 심지어는 가벼운 것을 이 대지에게 베푸는 것과 같은 양자택일적인 모습을 아래의 인용문에서처럼 드러낼 때 퇴색되는 것처럼 보인다.

언젠가 사람들에게 나는 법을 가르칠 자, 그가 경계석을 모두 옮겨 놓았으니. 그에게 있어, 경계석들 자체가 모두 공중으로 날아갈 것이고, 그는 이 대지에게 "가벼운 것"이라는 이름으로 새롭게 베풀 것이다.[43]

....

42 프리드리히 니체, 《이 사람을 보라》, 20쪽.
43 프리드리히 니체, 《차라투스트라는 이렇게 말했다》, 318쪽. 번역서에서 '하늘로'로 번역된 'in die Luft'를 필자는 '공중으로'로 수정하였다. 왜냐하면 '하늘'은 니체의 사상에서 땅에 대비되는 주요 개념이기 때문이다. 만약 니체가 하늘로 날아가는 것을 긍정하였다고

이와 같은 니체의 '날기'에 대한 사유는 그의 'Über'mensch가 마치 대지 위의 극복적인 인간이라기보다는 하늘을 추구하는 초월적인 초인임을 드러내는 것처럼 보인다. 대지와 삶이 가벼워지기를 바랄 뿐만 아니라 대지에서 새가 되기를 바라는 반-대지적이고 반-위버멘쉬적인 그의 초월적 가르침은, 대지와의 촉각적 관계를 부정하고 저편의 탈-촉각적인 하늘을 동경하는 듯하다. 위의 인용문은 니체의 사유에서 이와 같은 탈-촉각성의 의혹을 자아내는 대목이기도 하다. 그러나 초월적 새를 원하는 자의 자질에 대한 다음의 인용문은 그의 초월적 새의 위상이 지니는 포월적 匍越的 의미를 드러낸다.

그런 자에게 대지와 삶은 무겁다고 일컬어진다. 중력의 정령이 **바라고 있는 것**이 그것이다! 그러나 가벼워지기를 바라고 새가 되기를 바라는 자는 자기 자신을 사랑할 줄 알아야 한다. **나** 이렇게 가르치는 바이다.[44]

니체의 초월성의 의혹은 그 전제이자 과정 자체로서 자기 자신에 대한 '사랑'을 통해 반전을 맞이한다. 자기 자신을 사랑해야만 한다는 니체의 사유는 '너 자신을 알라!'를 통해 자기 인식을 강조

한다면, 이는 대지를 긍정하는 니체가 대지를 부정하고 하늘을 긍정한 것으로 곡해될 수 있기 때문이다.

44 프리드리히 니체, 《차라투스트라는 이렇게 말했다》, 318쪽.

한 소크라테스의 이론적 사유나 이웃에 대한 기독교적 사랑과도 변별된다. 그리하여 그는 자기 자신을 건전하며 건강한 사랑으로써 사랑하는 법을 배워야 한다고 이야기한다.[45] 니체에게 있어서 다름 아닌 자기 자신을 사랑하는 법을 배우는 일은 당연하고 익숙했던 것이라기보다는 웃음을 배우는 것처럼 우리에게 가장 큰 인내를 요구하는 기예Künste다.[46] 니체적 기예 중의 기예는 단연코 단지 하늘을 날고자 하는 초월자로서 초인에 머무는 것이 아니라 동시에 땅 위에서 서고, 걷고, 달리고, 기어오르고, 춤추는 포월적 위버멘쉬임이 아래와 같이 명시된다.

진정 나 또한 기다리는 것을 배우기는 했다. 그것도 바탕에서부터. 그러나 단지 나 **자신**을 기다리는 것을, 그리고 무엇보다도 나는 서는 법, 걷는 법, 달리는 법, 기어오르는 법과 춤추는 법을 배웠다.[47]

진정 인간이 배워야 할 기다림의 대상으로서 니체가 주목하는 것은 '서는 법'에서 시작하여 '걷는 법', '달리는 법', 심지어 '기어오르는 법', 그리고 '춤추는 법'에까지 이른다. 걷는 것이 춤추는 것에 의해서 치환되는 것이 아니라, 오히려 심지어 서는 법까지

---

45 프리드리히 니체, 《차라투스트라는 이렇게 말했다》, 318~319쪽.
46 프리드리히 니체, 《차라투스트라는 이렇게 말했다》, 319쪽 참조.
47 프리드리히 니체, 《차라투스트라는 이렇게 말했다》, 322쪽.

디지털 나르시스 신드롬 |

스스로를 기다리면서 배워야 하는 것으로 니체는 묘사하고 있다. 이는 니체가 대지를 부정하고 대지를 떠나 하늘로 오르려는 것이 아니라 땅 위에서 서고, 걷고, 달리고, 기어오름으로써 대지와 하늘의 사이존재로서 인간의 촉각적 층위를 제시하는 것이다. 니체는 대지와 하늘 사이 촉각 존재로서 인간이 이 두 세계가 지니고 있는 풍요로움으로서 중력과 무중력을 조형하는 삶의 기예를 날기와의 상관성 속에서 터득함을 아래와 같이 드러낸다.

이것이 나의 가르침이니 언젠가 나는 법을 배우고자 하는 자는 먼저 서는 법, 걷는 법, 달리는 법, 기어오르는 법, 춤추는 법부터 배워야 한다는 것이다. 처음부터 날 수는 없는 일이다![48]

하나의 길이 아니라 다양한 길과 방법으로 비로소 차라투스트라는 그 누구도 아닌 '나의 진리',[49] 일찍이 상실해 버리고만 '나의' 진리에 이른다. "시도와 물음, 그것이 나의 모든 행로였다. 그리고 진정, 그 같은 물음에 대답하는 법을 **배워야** 한다! 이것이 내 취향 mein Geschmack"[50]임을 고지한 니체는 이미 존재하는 자아와 세계에 안주하는 마지막 인간도 아니고 그 세계를 부정하여 저편으로 초월하고자 하는 초월자도 아닌, 대지와 하늘 사이에서 부단히 삶을

48   프리드리히 니체, 《차라투스트라는 이렇게 말했다》, 322쪽.
49   프리드리히 니체, 《차라투스트라는 이렇게 말했다》, 322쪽.
50   프리드리히 니체, 《차라투스트라는 이렇게 말했다》, 323쪽.

포월하는 위버멘쉬를 우리에게 제시한다.

　이와 같은 대지와 하늘의 사이인간으로서 인간의 정체성에 대한 니체적 사유의 면모는 니체가 단지 아폴론의 대립자로서 디오니소스만 주장한 것이 아니라, 이와 더불어 이 양자의 사이존재로서 디오니소스를 드러내고 있음을 확인할 수 있다. 나아가 세계관 또한 하늘의 대립 세계로서 대지를 내세우는 동시에, 서고 걷고 기어오르고 춤추고 나는 공간으로서 대지와 하늘 사이의 세계를 우리에게 선사하고 있음을 알 수 있다. 이는 21세기적 차원에서도 아날로그와 디지털 간의 양자택일이 아니라 그 사이의 긴장과 이완을 통하여 양자택이적 춤을 추는 니체 사유에 대한 재해석의 가능성을 풍부하게 열어 놓고 있다.

재-신체화되는 인간과 재-대지화를 향하여

이 글은 인간적인 너무나 인간적인 인간 대신에 가속적으로 탈-신체화되어 가는 탈-인간, 그리고 탈-대지화되는 세계의 현상을 플라톤의 《국가》 7권 '동굴의 우화'를 출발점으로 하여 매클루언의 《미디어의 이해: 신체의 확장》에서 포착된 '나르시스 신화'의 비판적 재해석을 통해 진단적으로 성찰하였다. 나아가 이와 같은 지성화와 개념화로 인한 탈-신체화와 탈-개념화에 따른 인간과 세계의 축소에 대한 대안적 사유를 니체의 《차라투스트라는 이렇게 말했다》에서 제시된 사이인간으로서 위버멘쉬 개념을 통해 해소해 보고자 하였다.

　이는 무엇보다도 서구 지성사에서 신체의 추방과 지성의 우상화가 가장 강력하게 드러난 플라톤적 전통 형이상학에 대한 비판적 해석을 디지털 가상화 속 강화되는 시각중심화로 재해석하는 작업이었다. 나아가 인간 신체의 확장과 절단으로서 미디어의 기능과 역기능에 대한 매클루언의 미디어 진단과 비판을 바탕으로 21세기 초연결시대 디지털 미디어가 수반하는 인간의 시각화로 인한 시각 자체의 자가절단이나 다른 감각의 절단을 포착하고, 지성 자체의 절단을 매클루언의 중추신경계 확장과 절단의 기능과 역기능을 통해 주목해 보았다. 이로써 플라톤에서 강화된 지성이 자기 과부하로 인하여 마침내 자기확장을 통해 역설적으로 자가절단되는 현상을 진단적으로 드러내 보았다.

　이와 같은 진단적 성찰을 바탕으로 하여 탈-신체화되는 인간과 탈-대지화되는 병리적 현상에 대한 치유적 사유를 니체를 통해 모색해 보고자 하였다. 특히 플라톤이 주도한 인간의 지성화와 세계의 개념화 현상에 의해 절단된 신체, 즉 지성의 적대자로서 신체의 회복뿐만 아니라 지성과 신체의 사이이자 대지와 하늘의 사이존재로서 제시한 니체의 위버멘쉬 개념을 통해, 21세기 시각화되고 디지털화되는 인간과 세계 속에서 양자택일이나 역-양자택일, 즉 디지털에 대한 거부를 통한 아날로그로의 회귀가 아니라 디지털과 아날로그의 공존의 사유를 위한 이론적 단초를 제시해 보았다. 이를 위한 과정으로서 재-신체화와 재-대지화를 통해서 디지털 나르시스의 망막의 감옥으로부터 탈출이 가능해질 것이다.

참고문헌

고삼석, 《5G 초연결사회: 완전히 새로운 미래가 온다》, 메디치, 2019.

마셜 매클루언 · 퀜틴 피오리, 《미디어는 맛사지다》, 김진홍 옮김, 커뮤니케이션북스, 2012.

마셜 매클루언, W. 테런스 고든 편집, 《미디어의 이해: 인간의 확장》, 김상호 옮김, 커뮤니케이션북스, 2020.

메리 차이코, 《초연결사회》, 배현석 옮김, 한울아카데미, 2018.

유발 하라리, 《사피엔스: 유인원에서 사이보그까지, 인간 역사의 대담하고 위대한 질문》, 조현욱 옮김, 이태수 감수, 김영사, 2015.

_____, 《호모 데우스: 미래의 역사》, 김명주 옮김, 김영사, 2017.

주영민, 《가상은 현실이다》, 어크로스, 2019.

주은우, 《시각과 현대성》, 한나래, 2006.

프리드리히 니체, 《도덕의 계보》, 김정현 옮김, 책세상, 2002.

_____, 《비극의 탄생》, 이진우 옮김, 책세상, 2005.

_____, 《차라투스트라는 이렇게 말했다》, 정동오 옮김, 책세상, 2018.

플라톤, 《국가》, 천병희 옮김, 숲, 2013.

_____, 《파이드로스》, 천병희 옮김, 숲, 2013.

강성훈, 〈플라톤의 《국가》에서 선분 비유와 동굴 비유〉, 《철학사상》 27, 2008, 165~200쪽.

김선희, 〈피로회복과 '사색적 삶, 활동적 삶 그리고 예술적 삶'의 치료적 관계〉, 《니체연구》 제35집, 2019, 141~170쪽.

_____, 〈디지털 인류 포노 사피엔스와 생각하는 인류 호모 사피엔스 사이 인간의 정체성에 대한 니체적 분석: 플라톤의 슈퍼-도펠갱어로서 인공지능의 난점〉, 《니체연구》 제38집, 2020, 199~226쪽.

_____, 〈염세주의와의 새로운 관계 방식으로서 니체의 아티케 비극 분석: 강함의 염세주의와 약함의 염세주의〉, 《니체연구》 제39권, 2021, 7~39쪽.

신상희, 〈동굴의 비유 속에 결박된 철학자, 플라톤 하이데거가 바라보는 플라톤의 좋음의 이데아 성격과 진리경험의 변화에 관하여〉, 《철학연구》 v. 84, 2009, 171~196쪽.

이선, 〈니체의 여성적 진리와 수치심〉, 《니체연구》 제39집, 2021, 143~172쪽.

이유택, 〈철학의 학문성과 하이데거 – 플라톤의 '동굴의 비유' 해석을 중심으로〉, 《하이데거연구》 v. 6, 2001, 257~283쪽.

임성철, 〈플라톤 동굴 비유의 기원에 관하여〉, 《철학논총》 v. 38, 2004, 417~436쪽.

이한석 · 정진헌, 〈입체영상에서 시각적 촉각성에 관한 연구〉, 《기초조형학연구》 Volume 10 Issue, 2009, 355~363쪽.

이혁재 · 김보연. 〈사용자와의 효과적인 연결을 위한 시각적 촉각성 연구〉, 《디지털디자인학연구》 15(3), 2015, 585~596쪽.

최은, 〈마셜 맥루언과 텔레비전〉, 《영상예술연구》, vol. 6, 2005, 281~309쪽.

Byung-Chul Han, *Die Austreibung des Anderen: Gesellschaft, Wahrnehmung und Kommunikation heute*, S. Fischer Verlag GmbH, Frankfurt am Main, 2016.

_____, *Die Errettung des Schönen*, S. Fischer Verlag GmbH, Frankfurt am Main, 2015.

F. Nietzsche, *Also Sprach Zarathustra*, Sämtliche Werke, Kritische Studienausgabe(KSA) Band1, hrsg., Giorgio Colli und Mazzino Montiari, Berlin/New York: Deutsche Taschenbuch Verlag de Gruyter, 1980.

_____, *Die Geburt der Tragödie*, KSA Band 1.

_____, *Zur Genealogie der Moral*, KSA Band 4.

Platon, *PLATON WERKE IN ACHT BÄNDEN(GRIECHISCHE UND DEUTSCHE), VIERTER BAND*, herausg. v. Gunther Eigler, Deutsche Übersetzung v. Friedrich Schleiermacher, Druckhaus Darmstadt GmbH, Darmstadt, 1971.

Marshall McLuhan, *Understanding Media: The Extension of Man*(Critical Edition), Gingko Press, 2003.

Marshall McLuhan · Quentin Fiore, *The Medium Is the Massage: An Inventory of Effects*, Jerome Agel Random House, 1967.

하이퍼리얼리티에 배어들다

플라톤의 '혈거인'

| 왕훼링 |

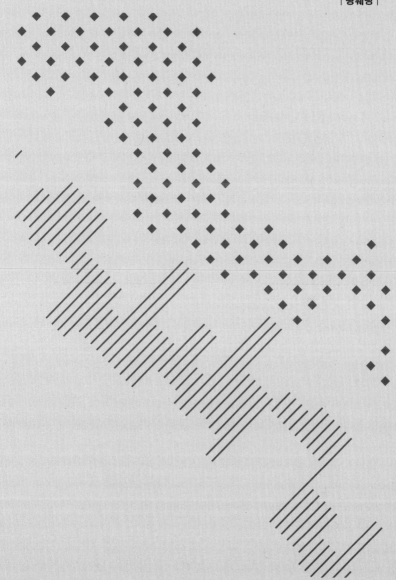

이 글은 강원대학교 인문과학연구소가 주최한 제2회 International Conference on Humanities Therapy in Technosociety에서 발표한 원고를 수정 및 보완한 것이다.

코로나19로 인해 온라인 수업이 새로운 교육 형식으로 떠오르며 기존 방식의 수업을 대체하고 있다. 이로 인해 교사는 일종의 '배우' 역할을 하게 되었고, 학생은 화면 앞의 '관객'이 되었다. 컴퓨터 화면을 통해 진행되는 교육 활동은 점점 지식을 '판매'하는 것처럼 변하고 있다. 하지만 철학 지식을 교육하기란 쉬운 일이 아니다. 눈빛으로 충분한 정서적 교감이 이루어지지 않는다면, 교사는 가르치는 '아이돌idol'이 되기 때문이다. 방송 프로그램과 달리 교사가 학생들의 '학습'을 이끌어 내는 것은 쉽지 않다. 첫째, 가르침과 배움은 모두 심지心智 활동과 관련되는데 가르치는 '아이돌'은 거의 움직이지 않을뿐더러 목소리가 밋밋하기 때문에 학생들이 잠들기 일쑤이다. 둘째, 학생들은 교사를 모방하며 공부하기 마련인데, 온라인 수업을 하는 동안 학생들은 교사가 누구인지에 대해 관심을 갖지 않는다. 셋째, 교사는 수업에 능할지는 몰라도 목적 없는 관객 앞에서 매력적인 교사를 '연기'하는 데에는 익숙하지 않다. 시청자의 눈은 인터넷 동영상에 대하여 유쾌함과 불쾌함만 구분할 뿐 다른 목적은 갖고 있지 않기 때문이다. 이처럼 각종 극장과 게임에 익숙한 존재인 대학생들에게 연기 교사로 적합한 사람은 누구일까? 사실, 아마추어 배우의 교육 연기를 보는 것만으로는 온라인 학습의 목적을 달성하기 어렵고 오히려 거부감을 증폭시킬 수 있다.

물론 학생의 개인적 흥미를 근거로 온라인 강의를 비판하는 것은 일리가 있다. 현장 수업과 달리 온라인 수업은 마치 공연을 보는 것과 같고, 사이버 공간에서 학생과 교사 사이의 거리는 관객과 배우 사이의 거리만큼 벌어져 있다. 따라서 교육자들은 교육행위자와 지식평론가 역할을 동시에 수행해야 한다. 이중 역할을 수행해야 할 뿐만 아니라, 철학 교육자들은 수업에서 교사와 학생 간 비대칭 관계도 완화하고자 노력해야 한다.

교사의 역할을 맡아 끊임없이 '철학화'하다

배우와 선수는 모두 특정한 훈련을 받아야 하며, 그들은 훈련하는 시간이 공연과 경기를 진행하는 시간보다 훨씬 길다. 사실 문화체육 활동은 관객들에게 인기가 많은 데 비해 대학의 교육자들은 교과 수업과 연구 활동의 이중 임무를 맡고 있지만 교수 활동의 즐거움, 학생들의 흥미에는 관심이 없다. 그 외에도 학생들의 심지心智 훈련은 어떻게 전개해야 하는가? 일부 피드백에 의하면, 학생들은 수업 내용을 온라인 플랫폼에 그대로 옮기는 것에 거부감을 느끼기 시작했다. '생방송' 혹은 녹화방송 등의 단순한 패턴으로는 온라인 학습에 대한 학생들의 흥미를 이끌어 낼 수 없다. 또 온라인상에서 이루어지는 교수 활동이 지속된다고 하더라도 지루한 교육 연기는 학생들의 정상적인 학습에 대한 기대를 제대로 충족시키지 못한다.

물론 교육자 개개인은 자신의 수업 스킬을 향상시키기 위해 노력한다. 그런데 배우가 숙련된 연기를 하기 위해 대사와 동작을 반복하듯, 온라인 교수진도 심지 활동에서 문화체육 활동에 활용되는 훈련 기법을 따라야 할까? 불행하게도 교육 활동은 대표적인 지적 작업으로, 교학에 들인 노력은 대체적으로 지식 설명에 초점이 맞추어져 있으며 학생들 또한 교육자에게 별 관심이 없다. 학생들은 지식을 갈망하고 가져가기만 할 뿐이다. 수업으로 약간의 호기심을 채워 줄 수 있지만, 수업의 목적은 학생의 환심을 사는 것이 아니다. 공부는 학생을 더 좋은 쪽으로 발전시키는 것이지 더 즐겁게 만들기 위한 것이 아니다. 따라서 연기는 교사의 핵심 자질이 아니며, 연기력 또한 천부적인 재능을 필요로 한다. 양궈룽杨国荣은 '철학은 가르칠 수 없는 것'이라는 야스퍼스Karl Jaspers 의 견해를 약간 조정하여 사思와 수授의 차원을 구분했다.[1] 우선 철학의 역사는 하나의 학문으로서 언제나 가르칠 수 있는 지식이다. 한편 또 하나의 '큰 학문大學問'으로서 철학이 다른 학과와 차별화되는 가장 큰 강점은 '학과 간 경계를 초월'한다는 것이다. 철학을 가르치는 새로운 길 중 하나인 철학연극은 집단창작의 분위기 속에서 교학 자체를 실현하는 것이다. 일반적인 연극과 철학연극은 두 가지 면에서 차이점이 있다. 첫째, 철학연극의 본질은 철학의 실천에 있다. 둘째, 철학연극의 목적은 관객의 흥미를 키우는 것이다. 실천적 철학교육이 키워야 할 것은 일종의 '철학화' 능력이다. 철학연극의 실천은 기존의 낡은 것에 새로운 라벨을 붙이는 것이 아닌, 교학 연기에 지식을 활용하고 여가 생활을 통해 지식으로 전환하는 것이다.

----

1   杨国荣,〈哲学与教育: 从知识之境到智慧之境〉,《探索与争鸣》2022年 第1期.

한 사람의 자유는 종종 '사적인 시간'을 점유하고 지배하는 데서 구현된다. 학생이 온전히 자기만의 시간에 인터넷에 접속했을 때는 대개 놀고 있지 공부를 하고 있지는 않는다. 사적인 시간에는 감독 없이 모든 것을 자유롭게 할 수 있다. 학생들은 조건의 유불리를 떠나 교실과 같은 공공장소에서는 일종의 '반투명' 상태를 선호한다. 마치 게임에서처럼 반투명한 신분으로 가상의 가면을 쓴 채 미션을 수행하며 다른 플레이어와 소통한다. 이상한 것은 학생들은 교사가 화면 앞에 있는 것과 교실 앞에 있는 것이 똑같다는 것을 알았고, 유감스럽게도 교사는 화면 앞에서 말을 멈출 수 없었으며 학생들의 반응을 볼 수도 없었다. 이처럼 아무런 관리와 감독이 없는 공공의 시간에 학생들은 사이버 공간에서 흔히 쓰는 '이중 가면'에서 벗어나기 어려웠으며, 현장 수업에서처럼 온라인 강의를 교사와 함께 학업을 수행할 인내심 또한 부족했다. 따라서 학생들은 온라인상에서 자유롭게 수업의 관객인 척한다. 실제로 일반적인 관객과 플레이어는 오프라인 교육에서와 같은 상황이 온라인에서 똑같이 발생하는 것에 어색함을 느낀다. 두 장의 가면을 쓰고 있기 때문에 온라인 학습은 학생들에게 일종의 모순으로 드러난다. 이러한 상황은 모순될 뿐만 아니라 갈수록 이는 플라톤이 묘사한 '혈거인穴居人'과도 닮아 있다.[2]

교사의 컴퓨터에 영상과 음성이 먼저 입력된 뒤 학생들의 컴퓨터에서 동일한 내용이 출력된다. 이처럼 소리가 섞인 애니메이션

---

2 柏拉图, 《理想国》, 郭斌和·张竹明 译, 商务印书馆, 2002.

은 마치 동굴 벽에 투영된 '그림자'와 같다. 인공지능의 발전으로 본래의 기능적 역할이 일부 바뀌었다. 플라톤의 동굴 속 노예들이 같은 곳에 나란히 묶여 있다면, 학생들은 각자의 방에서 초超사슬에 의해 보이지 않는 선線에 묶여 있다. 동굴 속 노예들은 몸이 고정돼 있어 그림자의 원형과 마주할 수 없지만, 우리는 움직일 수도 있고 눈을 뜨거나 감고 볼 수 있으며 머리를 쓰지 않아도 된다. 노예들은 동굴을 떠나 보지 않아 바깥세상에 대해 잘 모르지만, 우리는 바깥세상에 이끌리면서도 밖으로 나가는 것이 안전하지 않을까 봐 두려워한다. 교사들은 학생들이 온라인에 있지만 눈을 뜨지 않은 채 수업하고 있음을 체감할 수 있을 것이다. 사실 많은 교사들이 '관객'을 잃어 가고 있다. 수업에서의 상호작용과 인터넷에서의 연결은 하나로 묶어 말할 수 없다. 한 무리의 사람이라고 해도 '수업'과 '온라인수업'이라는 두 활동은 본질적으로 다르다.

오프라인 수업에서 학생은 학습하는 척할 수 있고, 심지를 숨길 수 있다. 한편 온라인 수업에서 학생은 관객이 될 수도 있고, 플레이어가 될 수도 있다. 개인과 공공의 시공간의 경계를 허문다면 교수 활동이 문화체육 활동보다 더 광적인 비판을 불러일으키기도 한다. 모든 온라인 수업은 어설픈 연극 공연이 될 가능성이 있다. 베이컨Francis Bacon은 '4대 우상론'에서 지식 전파의 어려움을 묘사했는데, 그중 극장의 우상은 이러한 대표적인 딜레마를 암시한다.[3] 대학 교육자의 연기에 대해 불평하는 것은 좋은 생각이 아지

---

3   弗朗西斯 培根,《新工具》, 许宝骙 译, 商务印书馆, 1985.

하이퍼리얼리티에 배어들다 |

만 온라인 강의의 문제는 여전히 남아 있다. 그렇다면, 베이컨이 걱정하는 '극장의 우상'을 어떻게 피할 수 있을까? 교사는 지식 콘텐츠에 대한 책임과 함께 어떤 교사라는 역할을 '연기'할 것인지도 고민해야 한다. 결론적으로, 교사는 '수업'을 책임지고 '독학'을 자신의 소임으로 여겨야 하며, 어떤 경우에도 가능한 한 자아인식 · 자기변호 · 자기개조를 해야 한다.

학생이 관객과 플레이어가 될 수 있듯, 교사 또한 '이중 역할'을 갖고 있고, 자신의 타이틀을 자유롭게 바꿀 수 있다. 한 교사의 성장 이력을 보면, 명목상 교사 타이틀을 얻더라도 그는 사실 학생이다. 그렇기에 드러난 신분인 교사와 숨겨진 신분인 학생이란 역할 이면에서 교사는 '옳은 것'(상태를 나타냄, 是)과 '되는 것'(변화를 나타냄, 成为)의 문제를 고민해야 한다. '성숙한' 얼굴을 하고 있지만, 그 이면에는 드라마틱한 '두 가지 상황'이 존재할 수 있다. 그것인즉, 좋은 선생님을 못하면 학생 역할을 하고, 좋은 학생이 되지 못하면 선생님 역할을 하는 상황에서 방황하고 있을지도 모른다. '베테랑' 교사도 '늙은 학생'처럼 반성숙한 상태, 심지어는 미성숙한 상태일 수 있다. 그러나 학생 앞에서 선생은 《차라투스트라는 이렇게 말했다》의 노인처럼 성숙한 사람의 역할을 할 수밖에 없다.

물론 교사 혹은 교육직에 종사한다고 해서 꼭 성숙한 사람이라고 보장할 수 없다. 따라서 모든 교사는 '자기교육'의 도전에 직면하게 된다. 학생에서 교사로 신분이 바뀔 때, 미숙한 사람은 어떻게 해야 성숙한 사람이 될 수 있을까? 교사가 미숙하다면 어떻게 학생을 책임질 수 있을 것인가? 동스쥔童世骏은 학생과 학생 간에 차이가 없듯 교사와 교사 간에는 차이가 없다고 말한다.[4] 그는 교사와 학생의 비대칭적 관계를 논하면서 교사와 학생의 역할 차이를 없앴다. 그렇다면 문제는 사람과 사람의 차이에 있다는 것인데, 그런 의미에서 교사와 학생의 실질적인 차이는 무엇인가? 교사와 교사의 실질적 차이는 무엇인가? 사람과 사람 사이에는 실질적인 구별이 있는가?

계보공동체에서는 언제, 어떤 타이틀을 얻어도 본질적으로 '또 다른 사람'이 될 수 없다. 즉, 한 사람이 다른 신분의 새로운 역할을 해야 한다. 하나의 학원공동체에서는 한 단계 낮은 젊은 세대가 상대적으로 높은 단계의 자리에 오를 때, 예를 들면 학생에서 교사로 신분이 바뀌는 것이다. 물론 이 과정에는 다양한 가능성과 소중한 계기와 기회가 존재한다. 그러나 이러한 명분의 이면에는 여러 가지 문제들이 숨겨져 있다. 먼저, 나이가 많고 높은 직위에 있다는 것이 성숙과 권위의 보증인가 하는 문제가 있다. 다음으로 누가 타인의 성숙과 권위를 판단할 수 있느냐는 것이다. 판단의 자격을 가진 사람은 '윗사람의 윗사람'인가? '교사의 교사'인가? 혹은 '그룹의 리더'인가? 직업적 능력을 평가함에 있어 때로는 실제 그 사람의 능력이나 업적과 부합하지 않는 경우도 있지만, 낮은 단계의 교사는 이를 받아들일 수 밖에 없다. 높은 단계 교사들 앞에서 후배 교사들에게는 다른 선택지가 없는 것일까? 관계는 대칭이 가능하고 위치는 바꿀 수 있지만, 이 사람과 저 사람 사이

4　童世駿, 〈不对称主体之间的平等交往何以可能〉, 《学术月刊》第52卷, 2020年 1月.

에 더 이상 차이가 없는 것일까? 제자가 학생의 신분을 넘어 교사가 된 후, 어떤 '하수자'인 학생이 '그를 선생님으로 부르는 것'과 '그의 학생이 되는 것'에 있어, 어떤 망설임이 있을까? 보기에는 선택의 여지가 없고 자기모순에 빠진 듯한 이 상황은 성장하는 사람들에게 쌍방향적 차원(순경과 역경)을 제공한다. 특히 '중간자' 역할을 하는 반半성숙한 교사의 자아 성장에 도움을 준다. 만약 교사가 '계단'의 기능을 하지 못한다면 그에게 주어진 직함과 위상은 그대로더라도 성숙하지 못한 학생은 그를 또다시 성장의 문제에 맞닥뜨리게 할 것이다.

한 사람은 어디까지나 '다른 사람'일 수 없다. 따라서 성숙은 한 사람의 성장 과정에서 드러나는 경우가 많다. 씨앗 하나하나가 모두 자라지만 그것이 모두 '열매'로 맺어지지는 않는다. 따라서 성숙하지 못한 사람은 성장에 실패했거나 혹은 성장 중이라는 두 가지 상황에 놓인다. 사람의 경우는 씨앗과 달리 순경에서 성장할 수도 있고, 역경 속에서 성장할 수도 있다. 후자의 경우에는 리스크가 있어, 성장을 가속화할 수도 있고 죽음을 앞당길 수도 있다. 고대 그리스 비극 작품에서 역경은 비극 인물들의 생존 환경이었지만 이들 작품 속 주인공에게는 적용하지 않았다. 인생의 역경이 계속되지만 실패를 두려워하지 않는다면 현실 속의 사람은 다른 생명처럼 자연스럽게 성숙하면서 사회적 시련을 겪게 된다. 자연과 사회는 모두 인생 수업의 장이다. 루소Jean-Jacques Rousseau의 자연교육과 듀이John Dewey의 사회교육 사이에는 관점의 대립이 존재한다. 그들은 사람이 어떻게 하면 건강하게 자랄 수 있는지, 어떻게 하면 성장에 도움이 될 수 있는지 고민하는 데 있어 각기 다른 데 비중을 둔다. 그들은 성숙한 사람으로서 평생 성장을 경험해 왔고 교육자로서 교육 문제에 대해 고민함과 동시에, 시종일관 '자기교육'에 입각하여 '어떻게 자기 자신을 성장시킬 것인가'에 대한 질문을 던졌다. 솔선수범하든 자기변명을 하든 루소와 듀이의 관점과 인생은 비판의 대상이 되거나 심지어 공격을 받기도 했다.[5] 결론적으로, 자연교육을 택하든 사회교육을 택하든, 이런 방법들은 모두 사람의 성장에 도움을 주지만, 오늘날 우리가 직면한 상황은 이와 완전히 다르다.

만약 교실을 극장이라고 볼 수 있다면, 교습은 공연의 방식으로 적절히 이루어질 수 있다. 하지만 온라인 극장은 모든 교사에게 적합하지 않을 뿐더러, 교육 현장이 온라인 플랫폼에 그대로 옮겨지는 것은 더더욱 적절하지 않다. 교사가 잘 가르치고 싶어 한다면 공간은 문제가 되지 않지만, 독학으로 스스로 공부하고 성장하는 능력이 요구된다. 만약 누군가를 가르치고자 한다면 먼저 자신을 가르칠 수 있어야 한다. 교실 앞에 서든, 스크린 안에 있든, 수업 활동이 '단막극' 같긴 하겠지만 교육을 하는 배우들은 학생 관객의 반응을 무시할 수 없고, 문화체육 활동에 대한 학생들의 흥미에도 관심을 갖지 않을 수 없다. 관객이 있고 학생들의 협조가 있는 것만으로는 학습의 목적을 달성하기 어렵기 때문에, 어떻게

---

5 야스퍼스는 듀이의 학습에 대한 지나친 흥미에 대해 반대했다; 우리는 루소의 작품 〈참회록〉에서 그의 천진하고도 완강한 일생을 볼 수 있다.

가르칠 것인가를 끊임없이 고민해야 한다.

포스트코로나 시대 교육의 어려움을 극복하고자 실천철학 교육은 철학연극을 대본 놀이에 접목시키려 한다. 여가 생활의 철학 활동 경험에서 출발하여 철학 교과에 '감동' 요소를 불어넣는 것이다. 교실은 교사와 학생이 함께 공부하는 실제 장소이다. 이곳은 스크린이 아닌 모두의 극장이다. 교육 현장에서 맞닥뜨리는 도전은 학생들의 학습 능력도, 교사의 수업 노하우도 아닌 한 시대의 교육 난제다. 현장에서든 온라인에서든, 관람과 모방의 대상은 '아이돌'을 연기하는 것이 아니고 배움의 대상도 '아이돌'의 '아이돌'이 되는 것이 아닌 '인간적인' 자신이 되는 것을 배우게 하는 것이다. 차라투스트라가 매번 산에서 내려와 인류에게 선물을 주듯,[6] 교사가 하고자 하는 것은 자신의 과거를 다시 쓰는 것이 아니라, '또 다른 자신'의 미래를 계속 써 내려가는 것이다.

'이상함' 혹은 '평소와 같음'이 곧 정상인 것처럼 가장하다

코로나 시대 일상의 궤적에서 벗어난 사람들은 '정상적인' 삶으로 돌아가길 희망한다. '안전'이 언론 기사나 생활 지침의 키워드가 된 상황에서, 우리는 어떻게 해야 일상으로 복귀할 수 있을까? 코로나 이전의 생활은 정상적이었을까? 정상이란 무엇인가? 점점

---

6 尼采,《查拉图斯特拉如是说》, 钱春绮 译, 三联书店, 1986.

더 많은 새로운 문제를 직면하는 상황에서 '옛날의 방법'은 새로운 문제를 해결하는 데 도움이 될까?

수업 활동을 정상적으로 이어 가기 위해 선생님과 학생들은 온라인 수업의 새로운 문제에 부딪혔다. 교실에서 이루어지던 수업이 온라인 플랫폼으로 옮겨졌고, 교사와 학생들은 온라인을 통해 수업에 '출석'해야 한다. 수업은 기존과 똑같은 방식으로 진행되었고, 교사는 학생들의 스크린에 등장한다. 수업은 매우 조용하고 화면 너머의 사람들이 무엇을 하고 있는지 알기 어려웠다. 집에서 '수업'을 듣고 난 뒤 학생들은 '자유'를 갖게 되었고 더 이상 휴가를 내지 않아도 됐다. 학교에서 학생들은 항상 하고 싶은 일을 할 시간이 부족했고, 공부하는 데 시간을 빼앗기는 순간, 공부하는 것을 좋아하지 않았다. 하지만 막상 집에서 자유롭게 시간을 보낼 수 있게 되니 이제는 제대로 공부할 수 없다고 투덜대기 시작했다. 학생뿐만 아니라 많은 사람들이 과도하게 '자유'워지자 오히려 무엇을 해야 할지 몰라 한다. 규제는 많아졌지만 '여가' 시간은 이전보다 확연히 많아졌다. '한가로워 할 일이 없다'는 느낌은 상당히 모순적이다. 보다시피 삶은 계속 진행 중이고 자기 자신을 추구하는 많은 이들은 스스로가 '혈거 생활'에 빠져 있음을 발견할 수 있다.

음식과 안전 문제에 시달리는 '혈거인'의 삶이 몇몇 기능적인 '방'으로 제한되자 그들은 새로운 정례 프로그램을 만들어 자기 스스로(그리고 룸메이트를) 먹여 살리고자 했다. 신체뿐만 아니라 영혼도 '자양분'을 갈망하기 때문에 터무니없는 의견과 혼란은 그들을 초조하게 만들고 판단을 흐트러뜨렸다. 그는 심판을 갈망하지만 판사가 아니고, 정의를 갈망하지만 입법자도 아니다. 그는 지知와 무지無知 사이에서 방황하며 다른 사람의 세계에서 활기차게 생활한다. 일부 배부른 혈거인들은 여전히 겁먹은 채로 다른 사람과 소식을 주고받으며 잠시나마 즐거워하기도 하지만, 근본적인 두려움은 사라지지 않는다. 외부와 단절된 '동굴' 속에서의 정신생활은 상상이나 조작된 의혹에서 벗어나기 어렵다. 아리스토텔레스가 그의 연극이론에서 말했듯이, 공포와 연민은 연극인들에 의해 자주 사용된다.[7] 사실 플라톤의 《국가》에서도 이러한 인간성의 약점을 지적했기에 '시인의 추방'을 감행했다. 고도로 연결된(또는 초연결) 시대에도 과거의 세 가지 질문은 또다시 도전을 받게 된다. 그것은 곧, 시공 속에서, 몸과 마음 사이에서, 그리고 철학자와 연극인(또는 시인, 희극 시인) 사이의 갈등에 관한 질문이다. 공간과 시간이 혈거인을 제한하는가? 그에게 부족한 것은 음식과 안전일까? 철학자는 희곡 작품을 가지고 있지 않은가?

일부 병리적 현상이 우리 주위에서 소리 없이 만연하고 있다. 나 자신, 혹은 대학 교사와 학생 등 가까운 주변 인물도 해당될 수 있다. 사람들은 그들의 1인 미디어에서 이러한 질병의 전조 증상을 감지할 수 있다. 내면에 두려움이 많은 사람이 간혹 매우 '적극적'으로 행동하기도 하는데, 적극적인 혈거인이 기분이 좋지 않을

---

7 亞里士多德, 《诗学》, 罗念生 译, 上人民出版社, 2002; 《修辞学》, 罗念生 译, 上人民出版社, 2002.

때 그의 외향적인 면과 내성적인 면이 서로 갈등하고 이러한 갈등의 표현이 그를 혈거인들 사이에서 '배우'로 만든다. 반면 소극적인 혈거인이 다른 소극적인 혈거인을 발견하면 공감대가 형성되어 그들의 기분은 더 나아질 것이다. 수동적이고 소극적인 태도는 이들을 혈거 생활의 '관객 연기자'로 만든다. 물론 일부 아웃사이더의 경우에는 그들이 정말 위험에 처해 있는데도 사람들이 상황을 전혀 인지하지 못하는 경우도 있다.

플라톤은 《국가》의 마지막 장에서 '이중 모방'이 환영幻影(혹은 그림자, 우상)의 생산을 보장하고 있음을 보여 주었고, 키르케고르는 《우리 시대The Present Age》에서 관계 네트워크의 '추상적인 환영幻影'을 보여 준다. 이 은유가 암시하는 것은 바로 대중the public이다. 엘리트의 현대적 의미와 달리, 일부 엘리트 의식을 가지고 있는 포스트모던 관객은 무명의 대중 배우와 집단 의견의 평론가라는 '이중 역할'을 수행한다. 배우와 관객, 심지어 동굴 속 익명자들까지도 뉴스와 소식에 매료되고 있다. 이질성heterogeneity과 혼란은 올바른 미래를 위해 과거를 '다시 쓰는' 것에 활용된다. 이와 같은 포스트모던 시각예술의 콜라주 기법이 혈거인들 사이에서 널리 쓰이고 있다. 한 혈거인의 자존감 표현은 또 다른 혈거인의 잠재적 욕구를 채워 주기도 한다. 세계의 작동이 둔화되고 있고 대중은 더 작은 가족 단위로 축소되고 있지만, 혈거인들은 외부 세계를 관찰하고 싶어하는 한편 다른 혈거인들의 삶과 경쟁하고 싶어한다. 결국 한 혈거인의 우상이 또 다른 혈거인의 창조적 상상력의 결여를 충족시켜 준다. '초연결'이라는 격리와 편의 속에서 이들은 "예전처럼 돌아갈 수 있고, 미래는 더 나아질 수 있다"고 희망한다. 이런 집단적 성향의 '정상'의 재발은 한 사람의 미래를 향한 발걸음을 늦추고 있다. 실현 가능한 미래가 가까워수록 혈거인들은 집에서 다양한 소식을 기다리게 된다. 좋은 소식은 그들을 안전하다고 느끼게 하고, 나쁜 소식은 그들을 편안하게 만든다. 왜냐하면 후자는 분풀이로 쓰이거나 상상을 멈추게 하기 때문이다.

일부 혈거인은 배우의 아우라를 가지고 자신의 꼭두각시를 통해 끊임없이 우상을 만든다. 배우처럼 연기 열정이 넘치는 연기형 혈거인은 삶에 대한 이해를 고쳐시켜 다른 이들의 호감을 얻는다. 배우로 출연하든 관객으로 출연하든 참여자들은 '오늘의 뉴스'를 기다리며 내일의 시나리오를 준비하고, 밀접 관찰자는 또 다른 준비된 배우와 함께 움직인다. '보이지 않던' 바깥세상이 일부 혈거인들로 인해 다른 혈거인들의 '눈에 보이기' 시작하면서 믿기지는 않지만 희소식이 점차 확산될 수 있게 되었다. 현실 세계에서 일부 혈거인들은 주변 사람이 아닌 초현실 세계(혹은 가상 세계라고 칭한다)에서 다른 혈거인들과 함께 '놀이'를 하며 그들의 '우상'을 활용한다. 그들은 우상의 '양쪽 사이드'에서 스스로 만족하지만 그들 사이에는 여전히 교감이 부족하다. 시큰둥한 낯선 사람이든, 할 일 없는 정탐꾼이든 혈거인들은 불요불굴의 정신을 가지고 있다. 좋든 나쁘든 매력적인 소식이라면 자신의 신분을 드러내는 '광희狂歡'로 삼을 만하다. 일부 혈거인들은 나쁜 소식을 배제하지만, 아주 독특한 취미로 나쁜 소식을 퍼뜨리는 이들이 있다. 동굴 입구는 굳게 닫혀 있고, 모두 눈을 크게 뜨고 바깥세상을 주시하고 있다. 직접적인 접촉이 충분하지 않은 상황에서 진리를 말하는 자도, 익명의 누군가도 모두 냉정함을 유지하기 어렵다. 초연결시대에는 이미 병적 현상이 유행하고 있다고 볼 수 있다.

기성세대는 성숙한 연기에, 젊은 세대는 '고귀병'에 사로잡혀 있다. 관객들의 상상력이 무한하기에 '고귀병'은 전염성이 있다. 고귀병은 심미적인 가치가 있어 소극성 안에 감성을 내포하고 있다. 타인이나 외부와 동떨어진 느낌은 실제 공간에서의 내딛는 발걸음이 아니기 때문에, 혈거인이 '걸어 나가는 것'을 가로막는다. '외딴섬', '텅 빈 마음', '소외' 등의 타이틀은 청년 세대 증후군으로 계속 만연하고 있다. '기술사회에서의 인문치료: 초연결시대의 병리학'(2022)을 주제로 한 한국의 철학실천 및 상담 관련 연구에 따르면, 망막에 갇힌 '나르시시즘', 가상 세계의 '혈거인', 이상하게 범람하는 '공심병空心病' 환자까지 거의 모든 사람들이 각기 다른 정도의 '점성粘性'으로 기술에 의존하며 살아간다.

플라톤의 '동굴' 속 '죄수'와 달리, 가상 세계 속 혈거인은 바깥 세상에서 돌아와 집에 있어야 한다. 혈거인은 행복과 정의를 갈망하지만 자기소모와 타인을 소원하면서 '버림'받는 상황에 처한다. 전형적인 혈거인으로서 그들은 자신의 생각을 감춘 채 새로운 가능성을 옛이야기에 담아 또 다른 '가상'의 심리 상태에 도달함으로써 자기 자신과 화해한다.

철학자들과 달리 연극인들은 우리에게 또 다른 '출구'를 남겨주었다. 이러한 '이중 각색' 스킬은 철학연극을 또 다른 교육실천으로 발전시킴으로써, 그것이 단지 철학이론의 '이중 모방'에 그치지 않게 할 수 있다. 철학상담 외에도 연극 놀이는 창의적 활동에 집중해 '이중 수행'으로 과거를 '기록'하고 미래를 투영한다. 이런 전략 인지적 학습 기법은 대학 교사와 학생이 각자의 역할을 명확히 인지해야 함을 의미한다. 즉 교사는 교사로서의 역할을 어떻게 해야 하고 학생은 관객의 역할을 어떻게 해야 하는지 명확히 인지해야 한다. 공교육의 '가시화' 외에도, 우리는 과거의 '노멀 상태'를 변화시켜야 하고, 현재의 '신구新旧문제'도 직면해야 한다. 이 때문에 온라인 철학 활동의 참여자들은 논리와 비논리의 규칙 경계, 즉 타인의 경계와 자신의 경계에 부딪힌다. 억제된 마음은 그 몸을 자기 자신, 혹은 타인의 '이미징(成像) 능력' 속에 삽입한다. 이는 마치 동굴 내벽에 비친 그림자처럼 스크린 양 옆의 세계는 분리돼 있지만, 고도의 연결성으로 배우와 관객을 연결시켜 준다. 어떤 이유에서든 공부를 계속 하게 만든다면, 이는 병든 혈거인들에게 어떤 결과를 초래하게 될까? 우리가 바라볼 때 우리의 생활은 가상인 것이다. 다시 말해 진짜가 아니다. 인터넷의 '사슬'에 걸려 상황을 돌이킬 수 없다. 젊은 세대가 현실 세계를 혐오하는 데 익숙해지면 과연 그들은 동굴을 떠나 '진실(真)'을 찾으려 하겠는가? 물론 그들은 서로를 필요로 한다. 하지만 온라인 강의에서는 학습 능력이 아닌 체화된 마음이embodied mind[8] 제한된다. 모든 사람의 정신적인 활동은 일정한 신체 감각의 한계 내에서 이루어지지

....

8 Mark Johnson, *The body in the mind, The Bodily Basis of Meaning, Imagination, and Reason*, The University of Chicago Press, 1987; *The Meaning of the Body: Aesthetics of Human understanding*, The University of Chicago Press, 2007

만, 체화된 마음은 여전히 경계에 부딪히면서 기억 속의 감각 기억을 바탕으로 의심과 희망을 품는다. 희망에 의심이 빠지면 미래에는 과거에 생각했던 일들이 발생하지 않기 때문에 환상만이 생산된다.

철학자 역할을 맡아 끊임없이 사고하다

재미있는 연극과 달리 철학은 사람들이 '소화'하기 어렵다. 자유를 지향하는 혈거인은 철학의 관객이 될 수 있을까? 시공간의 한계가 없어진다면 누가 철학 강의를 보러 오겠는가? 역으로 철학 수업은 하나의 철학연극으로 발전시켜 관객들을 사로잡아야 할까? 고대 그리스에서 할 일 없는 사람에게 철학을 알리거나, 아테네에 가서 철학을 배우라고 권유하는 철학자는 없었다. 대신 초대권을 얻어 연극을 보러 갈 것이다. 만약 철학을 판매할 수 있다면 철학 자체가 비싸서 관객들이 구매하지 못하는 일은 발생하지 않을 것이다. 그들은 여전히 철학이 어느 부분에서 왜 '비싼'지 이해하지 못할 것이다.

요즘 온라인 철학 수업은 무료지만 여전히 매력적이지 않다. 도대체 무엇이 문제일까? 철학 수업이 비싸지 않아서 그런 것일까? 스크린 앞에서 침묵하는 학생들의 '심리적 번잡함'은 교실 안에 있을 때보다 더 적극적으로 이루어진다. 그들의 침묵은 가상세계에서 교사의 역할을 원치 않는다는 것을 보여 준다. 사실 이는 학생들이 선택한 것일지도 모른다. 하지만 그렇다고 해서 자신들이 무엇을 할 수 있는지 아는 것은 아니다. 결국 '하지 않는 것'이 이들의 성장을 지연시킨다. 그래서 혈거인들은 '자유'일 때 '할 일이 없다'고 느낀다. 아직 성숙하지 못한 이들은 삶에 대한 온전한 이해 없이 '불편한 점'만 알 뿐 '의미 있는' 방향을 찾지 못하고 있기 때문이다. 그들은 철학자처럼 '궁금하다'(혹은 의아하다)는 생각을 갖고 있지만, '성숙한 어른'의 나이까지 살지 못한 채 희망을 잃을까 두려워한다. 보다 눈에 띄는 혈거인 증후군을 겪고 있는 대학생들은 아직 성장 단계여서 권위와 관습 앞에 복종하는 척하기도 한다. 기성세대와 달리 젊은이들은 생활에서 '성인 연기자'가 아니다. 이들은 수업 시간에 관객 역할뿐 아니라, '개인 시공간'에서는 배우와 선수의 경쟁자 역할을 열정적으로 해내고 있다. 연기성 게임 속 모방과 달리, 경쟁성 게임 속의 모방에는 학습의 목적이 담겨 있다. 그렇다면 철학자 역할을 하면 성장 중인 사람들이 철학을 배우도록 이끌어 낼 수 있을까? 철학자의 매력이 그들을 감동시킬 수 있을까? 철학연극 놀이가 그들에게 교육적 의미를 부여하고, 공부하는 척하는 탈을 용감하게 벗어던지고 공공장소의 플레이어가 되어 같이 '놀이'를 계속하게 할 수 있을까?

스승과 제자 사이에선 지식을 전수하는 것, 즉 양楊 교수가 말하는 '수여授與'뿐 아니라, '사고思考'를 통해 현재 생활을 대비하는 훈련도 이루어진다. 대학의 철학카페는 온라인 강의의 새로운 문제점과 현장 강의 활동의 오래된 문제점에 대한 분석을 바탕으로, 철학연극을 일종의 교육 실천 모델로 만들려고 시도하고 있다. 철학상담을 통해 연기와 감상을 미리 준비하고, 배우와 관객이 함께 철학 활동을 할 수 있도록 이끈다. '1957coffee'[9]가 헐거인들의 '인생 무대'로의 복귀에 발 벗고 나섰다. 대규모 개방형 지식 플랫폼은 지식의 흐름을 유도하고 학습자에게 편의를 제공할 수는 있지만, 이런 디지털 '연결'만으로 사제 간의 '연결 고리'를 대체할 수는 없다. 또한 누구나 지식의 전파자와 평론자가 되려고 노력하지만, 그러려면 누군가는 항상 새로운 지식, 심지어 참된 지식을 생산해 내야 한다. 마지막으로, 사람의 감각은 주관적이지만 사람의 감각 경험은 완전히 주관적이라 할 수 없다. 가상의 '시각화'는 관객의 마음을 사로잡을 수는 있지만, 관객을 가르치는 것은 결코 쉬운 일이 아니다. 이에 비추어 보면 모든 사람들이 캠퍼스를 그리워하는 이유는 아마도 그곳이 단지 가 봤던 곳이어서가 아니라, 그들의 기억 속에 계속 꿈꿔 갈 공동의 생활이 있어서일 것이다. 철학자-소피스트 싸움이 '언어 게임'인 것과 달리, 연극 놀이는 철학자-연극가의 대결이다. 실용철학 교육은 이 두 가지 '오해'를 '시나리오 게임'을 통해 풀고자 한다.

2019년 12월 21일 1957coffee에서 공연된 철학실천 플랫폼의 두 번째 철학연극 〈올나이트All Nights〉는 집단철학상담 활동의 새로운 지평을 열었다. 첫 번째 철학연극 〈차라투스트라와 그의 동

---

9 '1957coffee'는 중국 내 대학 최초의 학술철학카페로서 철학카페, 철학연극, 철학상담 등의 철학실천Philosophical Practice 활동을 수행하는 곳이다. 1957은 내몽골대학의 설립년도를 의미하며, 실제 내몽골대학 철학과 학생들이 교내에서 '1957coffee' 커피숍을 운영한다.

료들Zarathustra and His Fellows〉과 달리, 이번에 개편한 작품은 최초로 '집단 창조'적 '수업 형태'를 철학적으로 이해하기 난해한 방식으로 구현했다. 플라톤의 작품을 기초로 신화적 인물과 일반적인 인격을 추가하고, '이중 시뮬레이션' 연출로 진실의 문제를 드러냄으로써 우리들이 '극적 브레인스토밍'한 결과를 공유할 수 있게 하였다. 그 외에도 작가 플라톤을 그의 작품 안에 직접 투입시켰다. 이러한 철학화 과정 속에서 '작품'이 탄생하였다. 교육 실습으로서 이러한 철학연극이라는 놀이 모델은 대본 놀이, 극장 놀이, 철학상담 세 단계로 나눌 수 있다.

철학자가 창작한 희곡인 플라톤의 〈향연Symposium〉은 희곡의 방식으로 알키비아데스와 소크라테스 사이에 '애매한' 상처를 남겼고, 플라톤은 《국가》에서 철학적 삶에 대한 마지막 변호를 고쳐 쓰는 방식으로 보완했다. 이러한 플라톤 작품의 모든 이야기가 철학극을 통해 관객의 기억 속에서 새롭게 탄생한다. '동굴'을 배경으로 삽입한 두 번째 철학연극 게임은 '소크라테스의 죽음'이라는 무언의 결말로 막을 내렸다. 플라톤의 사랑에서 소크라테스로 이어지는 찬사와 달리, 이 철학연극 수업은 '중단'의 방식으로 참여자 개개인에게 열린 결말로 상상의 공간을 마련해 줌으로써 연인을 '찾는' 사고의 출발점으로 삼았다. 변화하는 감정과 개인의 경험은 관객들이 '사랑' 자체에 대해 생각하도록 이끈다. 사실 이 시나리오 게임의 초보적인 시도는 '비대칭'적 사제 관계의 전형적 사례를 놓고 각색한 것이다. 그들 사이에 기형적인 '사랑'이 존재하기도 하며, 그런 사제애가 무지한 관객들을 눈멀게 만들기도 한다. 멀리 서 있으면 애인을 향한 좋아하는 마음과 미덕에 대한 숭배를 혼동하기 쉽다. 상상을 벗어난 사람을 제외하면 대다수 관객은 소크라테스와 알키비아데스 사이의 '사제애'를 발견하지 못하고 '동성애'를 부각시켰다.

소크라테스, 플라톤, 아리스토텔레스, 알키비아데스 사이에서 소크라테스는 '스스로 무지함을 아는' 역할을 맡은 교사였다. 그는 줄곧 플라톤이 추구하는 주역이자 알키비아데스가 추구하는 좋은 사람이다. 사제 관계의 발전에는 순위의 배제와 대체가 아닌 모방적인 학습 경쟁이 뒤따른다. 그러나 현실 세계에서 '진리Amicus Plato, sed magis veritas'는 아리스토텔레스와 플라톤 사이에 존재한다. 관객들은 "소크라테스가 교사로서 누구를 흉내 내고 있는 거 아니냐?"라는 의구심을 가질 수 있다. 그 외, 플라톤과 알카비아데스는 '또 다른' 소크라테스가 아닌 독특한 '자신'이 돼 역경에 시달릴 정도로 뚜렷한 개성을 갖고 있다. 철학연극도 자아 교육이 이뤄지는 한 사람의 철학이고, 작품이 작가에게 갖는 의미는 관객의 연극에 대한 상상을 훨씬 뛰어넘는다. 사실 이런 사제 관계는 오늘날 제창되지 않으며 모방할 수도 없다. 그래서 철학을 가르치면서 우리는 이 인물들을 새로운 이야기에 편입시켰다. '사랑'은 연결의 끈이고, 비대칭은 상승의 계단인바, 특정 집단의 테두리 안에서든 어떤 무작위적인 관계에서든 사제 간의 케미스트리는 항상 존재한다. 세대 교체라는 학문적 전통은 언어로 표현되고 행동으로 증명된다.

철학자는 희곡 인물의 비극적 특징을 벗어나지 못하는데, 그 전형적인 예가 바로 니체이다. 그러나 학생 관객의 관점에서 볼 때 철학자의 억압적인 이야기는 각색할 수 있다. 이는 혈거인이 생각하는 정상적인 생활은 아니지만 공동생활에 대한 기억을 새롭게 바꾸고 새로운 이야기의 창작원이 된다. 학문적 전통에서 교사와 학생 사이에는 경험의 중첩과 시공간의 전도가 발생한다. 이에 따라 교사는 그의 기억에서 학생의 '미래'를 보고 협동 학습으로 학생과 동행한다. 교사가 내보낸 경험과 학생이 접수한 경험이 완벽하게 대칭될 수 없다는 것은 교육의 선천적인 문제이며 개개인이 감수해야 할 교육 리스크다. 이런 상황에서 관객의 '제3자' 역할은 새로운 문제를 낳을 뿐 아니라 오래된 문제들도 새롭게 만든다. 핵심은 누가 이 고난도 역할에 적합한가이다.

철학카페의 실천 과정에서는 '고학년'이 해당 역할을 수행한다. 이 변화된 관객들은 '신구' 세대 사이에서 '중간자' 역할을 한다. 끊임없이 성장하는 공동체에서 제3자의 존재, 비대칭적인 사제 관계 그리고 개인차를 모두 수용할 수 있게 된다. 이런 실천철학 교육을 바탕으로 참여자들은 다자간 협력 속에서 함께 실험적인 수업의 연속성을 촉진했으며, 사람들에게 남겨진 문제는 오히려 독립된 개인에게 자유롭게 상상할 기회를 제공했다. 이런 사랑 때문에 교사와 학생 사이에 나타나는 중간자는 진짜 '제3자'가 아니라 '옛날의 자신'이기 때문이다. 교실에서 교사들은 자신이 교사라는 것을 알고 학생들에게 필요한 존재라는 것도 느끼지만, 자신에게 필요한 것이 무엇인지, 또 자신에게 필요하지 않았던 것을 '옛날의 자신'에게 계속 가르쳐야 하는지 분명히 분별해야 한다.

공부는 어디까지나 자기 자신에게 책임지는 것이지만 독학 자체가 그리 재미있는 일이 아니다. 이에 비해 함께 하면 공부든 또는 다른 어려운 일들도 단체 활동으로 바뀐다. 따라서 온라인 학습은 온라인 활동으로 전환되어야 한다. 종합해 보면 문제 자체를 명확히 분별하지 못하면 온라인 수업의 문제는 더 복잡한 방식으로 다른 사건에서 계속 불거질 수 있으며 심지어 사제 관계가 무너질 수도 있다.

결론

철학자는 '보이지 않는' 이념을 모방한다. 그렇다면 철학자를 연기하는 활동에서 철학 교사는 철학적 지식을 정신적인 활동에 삽입해 가상의 학습 세계를 구축하고 놀이로 '철학을 가르칠' 수 있다. 현실 세계에서 교사들은 누구나 학생들의 미래의 삶을 고려해야 하며, 교육적 이상을 실천 활동으로 전환시켜 학습을 이끌어 내야 한다. 물론 상상력의 발휘가 현재 학생 관객들을 만족시킬 수 있지만 그들의 미래의 삶은 상상력 발휘를 통해 이뤄지는 것이 아니며, 교사는 학생들이 스스로 학습하는 능력을 키워 주어야 한다.

철학상담은 스승과 제자가 서로 관심을 갖고 있는 문제를 끊임없이 보여 주고 창의성을 발휘할 수 있도록 돕는다. 심리학이 대중에게 보급되어 응용지식이 된 이후 '철학 병' 역시 미학적 의미를 지닌다는 꼬리표가 달렸으며 불행히도 많은 사람들이 볼 수 있

하이퍼리얼리티에 배어들다 |

는 우상이 드러났다. 할 일이 없는 관객과 달리 플레이어는 이중 수행의 성숙함이 필요하게 되었다. 온라인 수업 이슈를 이유로 우리는 헐거인 관객처럼 집에 머물 수 있다. 어떤 상황에서든 우리는 머릿속에서 자유롭게 사고할 수 있다. 지금 이 순간 철학교육에서 '무지'의 전제와 '지혜'의 추구는 헐거인 모두에게 과거를 돌아볼 수 있는 기회를 제공하게 되며 선택권은 그들 자신에게 있다.

참고문헌

杨国荣, 〈哲学与教育: 从知识之境到智慧之境〉, 《探索与争鸣》2022年 第1期.

柏拉图, 《理想国》, 郭斌和 · 张竹明 译, 商务印书馆, 2002.

弗朗西斯 · 培根, 《新工具》, 许宝骙 译, 商务印书馆, 1985.

童世骏, 〈不对称主体之间的平等交往何以可能〉, 《学术月刊》第52卷, 2020年 1月.

尼采, 《查拉图斯特拉如是说》, 钱春绮 译, 三联书店, 1986.

亚里士多德, 《诗学》, 罗念生 译, 上人民出版社, 2002.

_____, 《修辞学》, 罗念生 译, 上人民出版社, 2002.

Mark Johnson, *The body in the mind, The Bodily Basis of Meaning, Imagination, and Reason*, The University of Chicago Press, 1987.

_____, *The Meaning of the Body: Aesthetics of Human understanding*, The University of Chicago Press, 2007.

2부

지금 듀오버스Duoverse*를 말하다

* Duo + universe = Duoverse는 라틴어에서 〈두 개의〉, 〈양방향의〉를 뜻하는 duo 와 〈우주〉를 뜻하는 universe를 결합한 합성어이다.

메타버스 안의 초연결성

시뮬레이션 우주에서 양자현실로

| 우관쥔 |

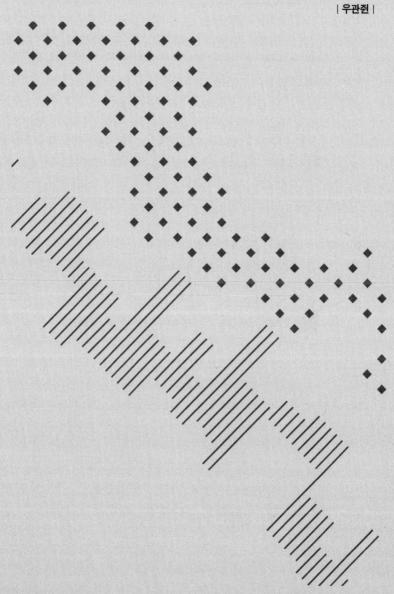

이 글은 강원대학교 인문과학연구소가 주최한 제2회 International Conference on Humanities Therapy in Technosociety에서 발표한 원고를 수정 및 보완한 것이며, 김옥화(전문 번역가)가 번역하였다.

'메타버스'에 빠지다: 게임 개발자의 악몽

컴퓨터게임은 '제9의 예술'이라 불린다. 이 말은 1997년 《신조전자新潮电子》에 실린 필자의 글 〈제9의 예술第九艺术〉에서 비롯되었다.[1] 이 글은 체계적인 분석에 기초하여 "컴퓨터게임은 본질적으로 전에 없던 '가상의 진실'이며 '가장 큰 특징은 참여'"라고 규정했다. 실제 생활과는 거리가 있으나 '게임 플레이어가 게임을 하면서 축적한 감성적 경험'은 일상 생활 중에 느낄 수 있는 경험과 근본적으로 차이가 없다. 컴퓨터게임은 또한 '플레이어에게 재창조할 수 있는 최대한의 가능성'을 열어 주며, 가상세계에서 일어나는 사건에 실질적으로 참여하도록 한다.[2] 이 글은 또한 '컴퓨터게임은 종합예술'이라며 당시 'VR 헬멧과 3D 사운드카드'를 통한 컴퓨터게임의 시뮬레이션 및 상호교류의 잠재력에 대해 탐구하고, '20세기가 영화의 세기라면, 21세기는 (감히 예언하건데) 비디오게임의 세기가 될 것'이라며 글을 맺었다.[3] 장위훼이姜宇辉는 2021년에 발표한 《디지털 순경과 그의 냉혹한 끝数字仙境或冷酷尽头》에서 컴퓨터게임 연구를 예술학에서 존재론의 경지까지 한층 더

---

1 추러닷컴 편집장이 2016년 발표한 글에서 '이 글은 비디오게임이 제9예술이라는 개념을 최초로 제시하였고, 또한 중국의 인터넷상에서 제9예술이 비디오 게임을 가리킨다는 공감대의 근원입니다'라고 밝혔다. 〈게임은 아홉 번째 예술이라고 하는데 이게 도대체 무엇인가?〉, http://www.chuapp.com/article/281795.html와 〈왜 게임을 '아홉 번째 예술'이라고 부르는가?〉, http://club.gamersky.com/activity/436432 참조

2 吴冠军, 〈第九艺术〉, 《新潮电子》 1997(6), p. 41.

3 吴冠军, 〈第九艺术〉, p. 42~43.

발전시켰다. 쟝위훼이는 예술학적 측면에서 게임을 '실패와 고통의 예술'이라고 표현했고, 존재론적 측면에서는 '조작이 존재에 선행한다'고 주장했다.[4] 본 글은 상술한 두 편의 글에 기초하여 컴퓨터게임의 존재론에 대해 사고하고, 나아가 게임 연구를 존재론적 측면에서 정치적 존재론의 측면으로 발전시켜 논할 것이다.

컴퓨터게임의 (정치적) 존재론에 대해 좀 더 체계적으로 탐구하려면 적절한 접근법이 필요하다. 필자는 '제8의 예술'로 여겨지는 영화,[5] 그중에서도 1999년 워쇼스키Wachowskis 자매[6]가 감독한 〈매트릭스The matrix〉(워너 브라더스)가 적합하다고 본다. 〈매트릭스〉는 전 세계적 흥행과 함께 '현실은 얼마나 진실되었나how real is reality?'라는 의문을 불러일으켰다. '현실'이 단지 '시뮬레이션의 매트릭스'에 불과하다면, 우리는 어찌 해야 할까? 전자는 **존재론**의 문제이고, 후자는 **정치적 존재론**의 문제이다. 이 두 가지 질문에 대해 〈매트릭스〉와 두 편의 후속작은 다음과 같은 직설적인 대답을 했다. ⓐ 우리가 처한 '현실'은 시뮬레이션이다. ⓑ '매트릭스'는 그대로 시뮬레이션한 '현실'이며 영웅들(앤더슨〔네오〕, 모피어스, 트리니티 등)이 죽을 때까지 급진적으로 투쟁해야만 하는 '현실'이다.

2021년 12월 22일 〈매트릭스〉 시리즈의 후속작인 라나 워쇼스

---

4 姜宇辉,《数字仙境或冷酷尽头: 重思电子游戏的时间性》,《文艺研究》, 2021年 第8期, p. 113 · 103.

5 영화 자체의 존재론에 대한 토론은 吴冠军,〈从"后理论"到"后自然"—通向一种新的电影本体论〉,《文艺研究》,2021年 第8期 참조.

6 당시는 워쇼스키 형제로, 2006년 라리 워쇼스키가 라나 워쇼스키로, 2016년 앤디 워쇼스키가 릴리 워쇼스키Lilly Wachowski로 성전환해 이름을 바꿨다.

키Lana Wachowski 감독의 〈매트릭스: 리저랙션The Matrix Resurrections〉이 개봉했다. 이 영화의 입소문은 세 편의 전작에는 못 미쳤으며 '노년 배우들이 찍은 매트릭스 1: 리마스터링'이라는 등, 22년 전 첫 작품의 졸속한 복제라는 비난을 받았다.[7] 필자가 보기에 〈매트릭스: 리저랙션〉은 첫 작품의 반복이었으나, 그것은 전형적인 들뢰즈Gilles Deleuze의 사상에 입각한 반복이었다. '새로움the new'은 반복 안에서 나타난다.[8]

〈매트릭스〉 1편에서 평범한 프로그래머였던 앤더슨(키아누 리브스 분)이 〈매트릭스: 리저랙션〉에서는 유명한 **게임 개발자**로 나오는데 그의 대표작이 바로 〈매트릭스〉 3부작이다. 게임 시리즈의 비플레이어 캐릭터NPC인 '네오'는 '현실' 속 앤더슨 본인을 기반으로 설정된 캐릭터로 여겨진다. 즉, 새롭게 작동하는 '매트릭스 현실'에서는 이전의 '매트릭스'가 게임으로 정의된다. 그리고 영화사 워너 브라더스는 〈매트릭스〉 4편의 제작 계획을 발표했다. 우리는 스크린 안과 밖에서 다시 매트릭스가 매트릭스 자체에 의해 완전히 새롭게 포지셔닝되는 것을 보게 되는데, 그것이 바로 게임이다. '매트릭스 현실'에 던져진 사람들은 이제 몰입식 '매트릭스 게임'을 할 수 있게 된 것이다.

스크린 밖 우리가 '진실'로 존재하는 '현실'에서 페이스북 사장

---

7 〈IP의 팬으로서 '매트릭스 4: 매트릭스 리셋'은 어떻게 찍었나요?〉, https://www.zhihu.com/question/392104212/answer/2282088703

8 들뢰즈주의의 '반복'에 관한 토론으로는 吳冠軍, 〈如何在当下激活古典思想——种德勒兹主义进路〉, 《哲学分析》 2010年 第3期 참조.

마크 저커버그Mark Zuckerberg는 2021년 10월 28일 회사 이름을 '메타meta'로 바꾸고 '메타버스metaverse 건설에 포커스를 맞출 것'이라고 발표했다.[9] 2022년 1월 18일, 마이크로소프트는 게임 업체 액티비전 블리자드를 687억 달러의 현금 거래로 인수한다고 발표했으며, 게임이 '메타버스' 개발에서 '중요한 역할'을 차지할 것이라고 밝혔다. 또 액티비전 블리자드는 게임의 '메타버스화'가 마이크로소프트의 인수 제안을 수용한 주된 원인이었다고 밝혔다. '메타버스' 개념은 닐 스티븐슨Neal Stephenson의 사이버펑크 소설《스노크래시snow crash》(1992)에서 처음 등장하였다. 이 소설에서는 '컴퓨터로 만들어진 우주', '컴퓨터가 화면을 렌즈에 비추고 소리를 이어폰으로 들려주는' 우주를 묘사하였다.[10] 물론 2022년의 시점에서 보면 스티븐슨이 구상한 메타버스는 전혀 새롭지 않다. 그러나 지난 30년 동안 컴퓨터게임은 메타버스를 향해 전진해 왔다. 게임은 갈수록 더 '세상을 만들어 가는' 속성을 띠게 되었다.[11]

'오픈월드 게임open world game'은 2000년대 컴퓨터게임 발전의 핵심 혁명이다. 갈수록 많은 게임들이 여러 가지 기초적인 '세상'의 속성을 갖기 시작했다. 이를테면, 유저들이 자유롭게 탐색할 수 있는 거대한 3D 공간, 밤낮으로 바뀌는 시간, 날씨 변화, 환경

---

9   Alex Heath, "Facebook is planning to rebrand the company with a new name", *The Verge*, October 20, 2021.

10   Neal Stephenson, *Snow Crash*, New York: Bantam, 2003 (ebook), p. 42.

11   吳冠军·胡顺,〈陷入元宇宙: 一项"未来考古学"研究〉,《电影艺术》, 2021年 第2期 참조.

(NPC 혹은 사물)과의 상호 접촉 메커니즘 등을 갖추기 시작했다.[12] 이와 비슷하게 2000년대 게임 업계 주류에 진입하여 게임 발전의 표준으로 자리 잡은 분야로 온라인게임이 있다. 특히, 〈월드 오브 워크래프트World of Warcraft〉 같은 대규모 다중사용자 온라인게임 MMOG: massively multiplayer online game이 대표적이다.[13] 2005년에 출시된 워너 브라더스의 〈매트릭스 온라인The Matrix Online〉은 MMOG 분야에서 중요한 작품이다. VR헬멧과 같은 웨어러블 기기가 발달하면서 'VR게임virtual reality game'이 2010년대 들어 게임 체험의 주류로 부상하기 시작했다.[14] '가상세계'를 만드는 것이 점점 더 컴퓨터게임의 중심이 되었다.

데이비드 차머스David Chalmers가 분석했듯, 〈월드 오브 워크래프트〉와 같은 MMOG뿐만 아니라 〈테트리스Tetris〉와 〈팩맨Pac-Man〉 같은 1980년대 게임들도 '세계'를 만들었다. 〈테트리스〉는 하늘에서 떨어지는 벽돌의 2차원 또는 3차원 세계에 대한 시뮬레이션으로, 〈팩맨〉은 포식자와 먹잇감이 물리적인 미로 안을 달리는 시뮬레이션으로 볼 수 있다.[15] 이 '세계'에는 나름의 물리적 규칙과 경험적 연구가 가능한 '자연'현상이 있다. 만약 누군가가 평생 그러한 세계에서 살아간다면 그 혹은 그녀는 야생의 포식자와 먹잇감

---

12 게임 역사상 이 발전은 '샌드박스 게임' 혁명이라고 불린다. Drew Sleep (ed.), *The History of Video Games*, Willenhall: Future PLC, 2021, pp. 110-113.

13 Drew Sleep (ed.), *The History of Video Games*, pp. 108-109.

14 Drew Sleep (ed.), *The History of Video Games*, pp. 134-135.

15 David J. Chalmers, *Reality+: Virtual Worlds and the Problems of Philosophy*, New York: W. W. Norton, 2022 (ebook), pp. 49-50.

의 달리기를 이상하게 여기지 않을 것이다. 마치 우리가 머리 위에 떠 있는 달이 절대 떨어지지 않을 것이라 믿는 것처럼. 〈슈퍼 마리오 브라더스super mario bros〉부터 〈사이버 펑크 2077cyberpunk 2077〉에 이르기까지, 각 게임에는 기본적인 물리 규칙(운동, 중력과 신체가 충돌하는 방식 등)을 설정해 놓은 프로그램 엔진이 포함되어 있다. 이런 의미에서, '세계의 생성'은 컴퓨터게임 구성의 핵심이다.

2003년에 출시되어 지금도 운영 중인 온라인게임 〈세컨드 라이프Second Life〉는 최초의 '메타버스' 게임으로 불린다.[16] '탐색, 발견, 창조, 새로운 세계가 당신을 기다리고 있다'를 공식 슬로건으로 내건 이 게임 안에서 플레이어는 '주민'으로 불리며 이동 가능한 '아바타'를 통해 3차원 모델링으로 만들어진 넓은 공간에서 '제2의 인생'을 펼친다. 또한 플레이어들이 물건의 물리적 속성을 직접 제어하고, 다른 물리 규칙을 실험할 수 있도록 하였다. 스티븐 스필버그Steven Spielberg가 감독하고 워너 브라더스가 제작한 영화 〈레디 플레이어 원ready player one〉(2018)은 메타버스를 다룬 최초의 영화이다. 이 영화는 2045년 폐허와 같은 '현실'에 놓인 사람들이 초급 또는 고급 VR 장비를 이용해 MMOG 온라인게임 〈오아시스〉에 들어가 제2의 인생을 펼치는 모습을 보여 준다. 2021년 12월 9일, 저커버그의 '메타'는 VR헬멧을 사용해 '자유로운 가상

---

16 Nelson Zagalo (et. al.), *Virtual Worlds and Metaverse Platforms: New Communication and Identity Paradigms*, Hershey: Information Science Pub, 2012; Peter Ludlow and Mark Wallace, *The Second Life Herald: The Virtual Tabloid that Witnessed the Dawn of the Metaverse*, Cambridge, Mass.: The MIT Press, 2007.

현실'[17]로 자리매김한 온라인게임 〈호라이즌 월드horizon worlds〉를 출시하였다. 이 게임의 공식 웹사이트 슬로건은 〈세컨드 라이프〉와 거의 동일한 '함께, 창조하며 탐험하기'이다.

그러나 〈세컨드 라이프〉와 〈호라이즌 월드〉는 '메타버스' 게임 중 가장 인기 있는 〈디센트럴랜드Decentraland〉나 〈더 샌드박스The Sandbox〉에는 미치지 못한다. 2021년 11월 23일 중국 가수 린쥔지에林俊杰는 소셜미디어에 자신이 〈디센트럴랜드〉에서 12만 3천 달러를 들여 가상 토지 세 곳를 구매하고 '이웃'을 구하는 중이라고 발표했다. 이는 베이징의 빌라를 넘어서는 가격이다. 다음 날인 11월 24일에는 〈디센트럴랜드〉에 있는 또 다른 가상 토지가 가상 부동산 최고가인 243만 달러에 매매되었다. 이 기록은 〈더 샌드박스〉에서 6일 후에 새롭게 경신되었는데, 구매자는 430만 달러의 가상 토지를 구입했다.[18] 메타버스 게임은 '세계'를 창조했을 뿐아니라, 우리가 살고 있는 실제 '현실'보다 그 '세계'가 더욱 매력적이라는 것을 보여 주고 있다.

이러한 화면 안과 화면 밖 세계의 병치는 다음과 같은 존재론적 질문을 던진다. '메타버스'는 '매트릭스'의 또 다른 이름이 아닌가? '현실'의 메타버스 게임들은 '매트릭스' 게임의 단순한 버전이 아닌가? 그렇다면 메타버스의 수석 개발자들은 앤더슨의 병적인

---

17 The Wikipedia entry of 'Horizon Worlds'.

18 〈급인기를 끌고 있는 '메타버스 부동산'은 무엇인가? 기자의 메타버스 내 집 마련 체험'. 〈https://t.ynet.cn/baijia/31873566.html〉

존재론적 고민들을 화면에 나타낼까? 더 골치 아픈 (그리고 무서운) 존재론의 문제는 화면 안에서 우리 눈에 '진실'된 '현실'로 체험되고 가짜로 판명된 '현실'을 가상현실, 즉 게임으로 규정한다면 우리의 현실에서 그러한 일들이 일어나지 않는다고 보장할 수 있느냐는 것이다. 시뮬레이션과 아날로그를 논할 때, 장 보드리야르Jean Baudrillard는 '디즈니랜드는 나머지가 모두 진실이라고 믿게 하기 위해 상상력으로 표현하지만, 디즈니랜드 밖의 로스앤젤레스와 미국은 더 이상 진실이 아니라 초현실적 질서에 속하게 되며, 시뮬레이션 안의 질서에 속하게 된다'라고 주장하였다.[19] 오늘날 가상현실 게임의 메타버스로 자신을 정의하는 것은 우리로 하여금 우리가 살고 있는 이 '우주'가 진정 '현실'(진정한 '메타버스', 후에 설계된, 저층의 우주)이라고 믿게 하는 것이 아닐까?

더 나아가 **정치적 존재론** 차원에서 화면 안팎의 '세계'를 병치해 보자. '매트릭스' 우주에서 존재론적 진실을 알고 있는 앤더슨(네오)은 급진적인 저항의 자세를 취한다. 그는 설령 그곳이 황량한 사막일지라도 진정한 '현실'을 향해 달려간다.[20] 하지만 '현실'의 사람들은 그것이 가상일지라도 저커버그의 계획 아래 '메타버스'로 앞다투어 몰려간다. '메타버스'의 부동산 가격이 '현실'의 집값을 훨씬 웃돌고 있을 정도이다. '메타버스의 유행'은 현재 '현실'에

---

19 Jean Baudrillard, *Simulations*, trans. Paul Foss, Paul Patton and Philip Beitchman, New York: Semiotext[e], 1983, p. 25.

20 〈매트릭스〉 1편에서 모피어스가 빨간 약을 먹고 다시 깨어난 네오에게 건넨 첫마디가 '진실의 사막에 오신 것을 환영합니다Welcome to the desert of the real'이다.

서 일어나는 현상 정도의 흐름이 됐다. 화면 안팎의 이 병치를 통해 화면에서 필사적으로 맞서는 급진적 정치투쟁이 화면 밖 현실에서는 우리에게 알 수 없는 일이 되어 가고 있다.

화면의 안과 밖은 왜 이토록 큰 차이를 보이는가. 같은 컴퓨터가 만들어 낸 가상세계인데 왜 화면 안에서는 급진적으로 거부하고, 화면 밖에서는 오히려 유행하는가? 어찌하여 비슷한 존재론적 상황에서 정반대의 정치 지형이 만들어졌는가. 우리의 '현실'이 잘못된 것일까? 아니면 〈매트릭스〉의 작가들이 잘못 서술한 것일까? '현실'의 저커버그들이 너무 매력적인 때문일까? 아니면 〈매트릭스: 리저렉션〉에서 앤더슨의 보스 스미스(조녀선 그로프 분)가 '악당'인 것일까?[21]

이 화면 안팎의 병치성은 〈메트릭스: 리저렉션〉에서 구조적으로 드러난다. 새롭게 재개된 매트릭스에서 앤더슨에게 끊임없이 파란 약을 먹여 주는 분석가(닐 해리스 분)가 바로 앤더슨의 캐릭터인 수석 게임 개발자이다. 즉, 앤더슨은 현실 안에서 매트릭스 시리즈의 4부 제작을 준비했고, 분석가는 현실 안에서 매트릭스 시리즈의 4부까지 앤더슨의 현실을 총괄한 디자이너인 것이다. 두 사람은 '마트료시카'와 같은 구조로 각자의 '현실' 속에서 '매트릭스' 게임을 개발한다. 그렇다면 '분석가'는 앤더슨의 병적인 본체론에 대해 고민해 본 적이 있을까? 영화 안에서 분석가는 자신

---

[21] 〈매트릭스: 리저렉션〉의 스미스 역은 휴고 위빙이 아니라 '현실'의 저커버그를 닮은 젊은 조녀선 그로프가 맡았다.

메타버스 안의 초연결성 |

이 개발한 게임에서 자신이 직접 앤더슨의 정신분석가가 되어, 그의 악몽을 가까이에서 분석한다. 그는 자신이 만든 게임에서 네오와 트리니티를 부활시켜 (연구를 위해) 보스를 설득하는 사람인데, 이 게임 개발자가 자신의 '현실'을 의심했는지 아닌지는 모르지만, 적어도 앤더슨(네오)의 정신 상태에 관심이 많은 사람이라는 것은 알 수 있다.

그러나 '분석가'들도 앤더슨의 존재론적 고민을 공유했으나, 정치적 태도와 행동은 정반대였다. 그러다 보니 화면 안에서 같은 구조적 위치에 있는 두 게임 개발자는 그 자체로 구조적인 병치를 이루게 됐다. 물론 영화가 진행될수록 '분석가'는 소인배가 되고, 엔딩에 찾아오는 네오와 미니티의 대치에서 더더욱 망가지지만, 그 병치 자체는 여전히 깊이 생각해 볼 만한 가치가 있다. 이 커다란 차이는 앞서 분석한 화면 안('매트릭스'에 필사적으로 저항하는) 과 밖(메타버스를 염원하는)의 대조를 구조적으로 보여 준다. 그렇다면 화면 안팎(더 나아가 화면 안)의 정반대 상황을 어떻게 생각해야 할 것인가. 그저 '영웅'과 '광대/민중'의 대립만으로 바라볼 것인가.

영웅, 광대, 아버지: 세 종류의 게임 개발자

앞에서 우리는 '스크린 위의 매트릭스'와 '현실 중의 메타버스'를 하나의 정치적 존재론으로 병치했고, 또 병치적 분석을 통해 고도의 존재론적 상황에서 정반대의 정치 태세를 보이고 있음을 확인하였다. 여기서 한 발 더 나아가 스크린 안팎이라는 극명한 대비가 존재하는 내면에는 사실 휴머니즘 정치철학의 근원적 메시지가 숨어 있다는 점을 제시하려 한다.

'스크린상의 매트릭스'와 '현실 속의 메타버스'는 **확실하고도 중요한 차이점**이 존재한다. '스크린상의 매트릭스'에서는 선택권 없이 '매트릭스/메타버스'에 던져지고, 스크린 밖 '현실'에서는 선택권이 주어진다.─당신은 '메타버스'에 부동산을 추가할 수도 있고, '현실'에 추가할 수도 있다. 즉, '현실'과 '메타버스' 사이에서 개인적으로 선택할 수 있다(심지어는 서로 다른 '메타버스' 사이에서 선택할 수도 있다). 물론 당신이 마르크스 정치경제학을 공부했다면, 이 '자유'에 문턱이 있음을 알 것이다. 가난한 사람은 어디에서도 부동산을 살 수 없고, 무엇을 하던지 프롤레타리아가 될 수밖에 없다. 심지어 '메타버스'에 들어가려면 관련 하드웨어(컴퓨터와 VR 기기)를 갖고 있거나 빌려야 하며, 들어가고 싶다고 들어갈 수 있는 것은 아니다. [22]

우리는 '매트릭스' 속에 사는 사람들은 선택의 자유를 빼앗겼고, '현실' 속에 사는 사람들은 그 자유가 주어졌으며, 자유를 빼앗긴 사람들이 진실을 알게 되면 스스로 투쟁한다는 점을 볼 수 있다. 이는 영화 〈매트릭스〉 제작자들의 정치적 시야를 구성한다. 〈매트릭스〉의 주인공 네오는 '진실의 사막'에 살지언정 '매트릭스'

---

[22] 마르크스주의 정치경제학적 분석을 피하고 메타버스의 '문턱'에 진입하기 위해 〈매트릭스〉에서는 컴퓨터가 인간의 육신을 이용해 전기를 공급하는 것으로 전환했는데, 이것은 물리학적으로 저급한 실수를 초래하였다.

는 인정할 수 없다. 이것은 〈매트릭스〉 버전의 패트릭 헨리Patrick Henry가 1775년 3월 23일의 버지니아 주의회 연설에서 외친 '자유가 아니면 죽음을 달라!Give me liberty of give me death!'가 아닌가? 〈매트릭스〉 4부작은 포스트휴머니즘적 요소들로 가득 차 있지만 정치철학은 철저히 휴머니즘이다. 휴머니즘의 지평선에서 〈매트릭스: 리저렉션〉의 마지막에 '분석가'는 철저히 추한 역할로 전락하고, 네오는 자유롭게 하늘을 날며 뛰어난 기상을 발휘한다.

휴머니즘의 실마리를 잡으면 〈매트릭스〉 시리즈의 '너는 죽고 나는 사는' 정치적 교착상태를 다시 점검해 볼 수 있다. '분석가'가 제시한 매트릭스를 안정시킬 방안은 네오와 트리니티가 서로 가까이 '매트릭스' 속에 살면서 그들의 '기억'을 억압하는 것이었고 이는 반인간주의-전체주의적인 방안이다.[23] 문제는 이것이 정치적 교착상태를 풀 수 있는 유일한 방안일 수 있다는 것인데, 절대 아니다. 휴머니즘 정치철학의 시각에서 우리는 매트릭스 안의 모든 인간에게 자유로운 선택권을 부여하는 대안적 방안을 제시할 수 있다. 존 롤스John Rawls로 대표되는 정치자유주의자들은 '기본적 자유'가 정착되면, 네오와 같은 '급진주의자'는 견고한 제도적 협상의 틀에 잡혀 '공적인 이유'로 중첩적으로 합의를 만들어 나갈 수 있다고 생각한다.[24] 샹탈 무페Chantal Mouffe로 대표되는 포스트마르크스주의자들은 정치적 존재론 차원에서 정치적 자유주의

---

23 '왜 이 방안이 유효한가'의 문제는 차치하고 서술한다.

24 John Rawls, *Political Liberalism*, New York: Columbia University Press, 1996.

방안을 비판하며 급진적 정치 대립을 강조하고 '사회적 현실'의 존재란 불가능the impossible하다고 주장한다. 정체성 없는 '현실'에 어떻게 뿌리가 튼튼한 정치제도의 틀을 만들 수 있겠는가?[25]

〈매트릭스〉 시리즈는 샹탈 무페가 그려 낸 '현실'의 존재론적 상황을 스크린에 담아냈다. 그러나 이상하게도 〈매트릭스〉의 정치철학은 무페가 주장하는 '자유로운 선택'의 권리의 포스트마르크스주의가 아니다. 매트릭스에 저항하는 정당성은 선택권을 박탈당하기에 성립된다. 조직에 저항하는 리더들은 사람들에게 '빨간 약'과 '파란 약'을 준 뒤 가상의 매트릭스나 실제 현실를 선택하게 한다. 매트릭스는 인간의 기본적 자유를 박탈하여 일어난 정치적 반동이다. 매트릭스가 모든 사람에게 자유선택권을 주려고 했는데 이에 대항하는 것은 정치적으로 의미가 성립되지 않는다. 이는 교과서적 휴머니즘-자유주의 논증인 셈이다. 매트릭스는 정치적 존재론 차원에서 정치철학을 발전시킬 기회를 가졌지만 워쇼스키 자매는 휴머니즘의 틀에서 존재론적 초조함이 낳을 수 있는 기존 정치제도의 무근성에 대한 사고를 없애고, 문제를 직접 '자유롭지 않으면'(선택할 수 없으면) 차라리 죽는 것으로 규정했다. 〈매트릭스〉의 세 번째 작품이자 기존 3부작 중 최종작인 〈매트릭스: 레볼루션The Matrix Revolutions〉의 결말에서 인간은 매트릭스 혹은 현실에서 자유롭게 살 수 있도록 허용받는다. 네오가 패전하여 죽음을 맞았지만, 정치적 측면에서는 '혁명'에 성공했다는 이야기이고 이는 곧 반反

25　Chantal Mouffe, *The Return of the Political*, London and New York: Verso, 1993.

휴머니즘의 '매트릭스'를 휴머니즘으로 개조한 것이다.

〈매트릭스: 레볼루션〉의 명분상 속작인 〈매트릭스: 리저렉션〉의 내용은 사실상 1부로 돌아갔다. 필자가 보기엔 스필버그의 〈레디 플레이어 원〉이 실질적인 〈매트릭스: 레볼루션〉의 속작으로서 휴머니즘적 '혁명'이 성공한 이후의 정치 패러다임을 한 걸음 더 나아가 보여 주는 것 같다. 〈레디 플레이어 원〉의 수석 게임 개발자 할리데이(마크 라이런스 분)는 광대도 영웅도 아닌 제3의 모습, 아버지의 이미지로 등장한다. 영화 속 영웅 파시발과 아르테미스와 그의 동료들은 할리데이의 발자취를 빈틈없이 쫓아가며 근본적인 가르침을 삶과 정치의 지침으로 삼는다. 슬라보예 지젝Slavoj Žižek은 스필버그 영화 〈ET〉, 〈태양의 제국Empire Of The Sun〉, 〈쥬라기 공원Jurassic Park〉, 〈쉰들러 리스트Schindler's List〉를 관통하는 은밀한 주제가 아버지의 회복, 권위의 회복이라는 훌륭한 분석을 내놓은 바 있다.[26] 〈레디 플레이어 원〉에서 게임 개발자의 권위는 바로 휴머니즘 정치의 핵심 가치인 자유(프로세스 설정을 거스를 수 있는 자유탐구 게임), 사랑(애인을 놓치지 않는 것), 평등(파트너와 기업 소유권 공유) 등에서 찾아볼 수 있다.

〈레디 플레이어 원〉이 실제로 보여 준 것은, 휴머니즘 혁명이 성공한 뒤 혁명의 열매를 어떻게 지킬 것인가이다. 우리는 스필버그를 통해 혁명의 시대 광대와 영웅의 대립을 풀어낸 사람이 바로

----

26 Slavoj Žižek, 〈A Pervert's Guide to Family〉, LacanianInk, https://www.lacan.com/zizfamily.htm

계몽의 아버지enlightened father임을 볼 수 있다. 이 영화는 게임 개발자가 후계자를 찾고, 가상세계가 반인간주의자(아르바이트 노동자에게 존엄성 없는 노역을 시키는 IOI그룹)의 손에 넘어가지 않도록 하며, 아버지와의 진정한 작별은 그 가르침을 고스란히 이어받은 후계자가 확실하게 정착했을 때라는 것을 알린다. 할리데이는 게이머들에게 '현실'과 '오아시스' 사이에서 자유롭게 선택할 수 있는 권리를 줄 뿐만 아니라, '오아시스'에 푹 빠져 사는 사람들에게 게임은 게임일 뿐 현실을 대체할 수 없다는 가르침을 준다. 그리고 영화 마지막에 젊은 영웅들이 오아시스를 성공적으로 인수하자 매주 화요일·목요일에는 오아시스를 닫아 가상세계에서 현실로 몰아내자는 새로운 규정이 등장한다. 할리데이는 모든 게이머들에게 (모든 비즈니스 서비스 회사의 태도이기도 한) 겸손한 태도로 '내 게임을 해 줘서 고맙다'고 말한다. 〈레디 플레이어 원〉은 인간이 자유롭게 '매트릭스' 혹은 '현실' 속에서 살도록 허용될 때 휴머니즘 정치 패러다임이 어떻게 되는지를 보여 준다. 이 모델에 대한 하나의 시험은 '국부國父' 세대 이후에도 '자유로운 선택'을 포함한 계몽적 가치를 지켜 낼 수 있을 것인가이다. 그러나 진정 이 정치 모델을 시험하는 상황은 '자유'를 가진 사람들이 '오아시스, 매트릭스, 메타버스'를 택하면 어떻게 하냐는 것이다. 〈레디 플레이어 원〉은 전자의 시험을 두고 극 전체를 연출했지만 무의식적으로 후자의 시험에 대한 대응 방안도 밝혀냈다.

자유지상주의 정치철학의 대표 주자인 로버트 노직Robert Nozick에게는 후자의 시험은 존재하지 않을 것이다. 롤스와 논쟁을 벌였던 〈무정부, 국가 그리고 유토피아〉에서 노직은 '경험 기계'(모든 경험은 신경심리학자들이 당신 뇌의 **의진**?? 생성을 자극하는 것일 뿐, 사실 당신은 하나의 큰 항아리 속에 잠겨 있을 뿐이라는 것) 개념을 설계하고 '우리가 원하는 것은 현실을 접하는 방식으로 사는 것'이고 '이 기계에 끼어드는 것은 스스로 목숨을 끊는 것'이라고 말하며 '경험 기계'에서 평생을 살지 않겠다고 했다.[27] 노직이 보기엔 경험이 아무리 아름다워도 현실을 접하지 않으면 삶이 아닌 것이고, '경험 기계'에 끼인 사람들은 본인이 큰 항아리에 있다는 사실을 알아야만 탈출할 수 있다. 이는 워쇼스키 자매의 사상적 배경이기도 하다. 노직의 경험 기계와 워쇼스키 자매의 매트릭스가 갖고 있는 근본 문제는 정치적 전체주의에 있고, 그것을 선택한 것은 죽음과 같다는 의미이다.[28]

그런데 흥미로운 것은 영화 〈매트릭스〉 1편의 중요한 반전으로 저항조직의 일원인 '세이버'가 '현실'이 컴퓨터로 만들어졌다는 것을 알면서도 이런 '현실'(그곳으로 돌아가기 위해 조직원을 팔아 넘긴다)을 택한다는 것이다. 비록 세이버가 저항조직에서 밀려나긴 했지만, '이는 전체주의+비밀요원' 모드로 다스리는 대신 '매트릭스'를 자유주의로 얼마든지 바꿀 수 있고, '선택권'을 개방해 모든 사람에게 제공하는 '멋진 삶'으로서 생태계가 이미 변해 버린 '진

27 Robert Nozick, *Anarchy, State, and Utopia*, Oxford: Blackwell, 1980, pp. 42-45.
28 노직의 '경험 기계'와 '메타버스' 게임은 실제로 여전히 큰 차이를 가지고 있다. 전자에서는 수동적으로만 경험할 수 있을 뿐 능동적으로 참여할 수 없다.

실의 사막'보다 질적 변화가 가능함을 의미한다. 그렇다면 세이버가 네오를 훨씬 능가할 것으로 예상하기는 어렵지 않다. 네오가 아무리 매트릭스에 맞서 싸운다 해도, 그는 정당한 구호를 완전히 상실한 채 철저히 극단적 공포주의자로 변하여 자신의 근원적 이념으로 다른 사람들의 '멋진 삶'을 모두 폐기하려 들 것이다. 과연 세이버는 네오를 능가할 수 있을까? 우리가 살고 있는 현실은 아직 황폐함에 빠져 있지 않다. 사람들은 이미 진실의 정도를 가늠할 수 없는 '메타버스로 달려가고 있다.

앞서 살펴본 '메타버스'에 대한 설명을 보면, 우리는 이것이 생소한 개념이 아님을 알 수 있다. 하지만 왜 최근 갑자기 관심이 폭발했을까? 필자가 보기엔, 이는 세계정세의 변화와 코로나19 팬데믹과 밀접하게 연관돼 있다. 국제적 충돌 구도가 거세지고 델타 · 오미크론 · 델타크론 등 각종 코로나19 변이가 나타나 일파만파로 번지면서 '현실'에서 활동할 수 있는 인간의 공간이 급격히 줄어들어 사람들(최소한 중산층)의 활동 반경이 기존의 '일행천리一行千里' 모드에서 '수시로 창구로 들어가 서로 바라보는' 모드로 변화했다. 공동체community의 면역체immunity 내핵이 '현실'의 **생물학적 결계**를 만들었고, 지구온난화 등 극한의 기후변이가 '현실'의 **생태학적 결계**를 만들었으며, 트럼프 등으로 대표되는 미국 예외주의가 글로벌 공동체(인류운명공동체)를 해치는 '현실'의 **이데올로기적 결계**를 만들었다.[29]

---

29   吳冠軍, 〈后新冠政治哲学的好消息与坏消息〉, 《山东社会科学》, 2020年 第10期 참조.

메타버스의 매력은 그곳이 현란한 디지털 공간이라는 것뿐 아니라, 근본적으로 현실을 탈출하는 환상적인 공간이 된 데에서 비롯된다. 자크 라캉Jacques Lacan의 정신분석에 따르면, 환상공간은 실질적으로 또 구조적으로 '현실'을 채울 수 있지만, 현실보다 더 아름답게 만들 필요는 없다. 이러한 상상의 출구가 있기에, 인간은 현실의 잔인함·황당함 때문에 더 이상 초조해하지 않는다. 〈매트릭스: 리저렉션〉에서 두 게임 개발자의 차이는, 앤더슨은 정신적 초조감에 시달리고 분석가는 매트릭스 게임에 몰입한다는 점이다. 정신분석상 전자는 히스테리, 후자는 변덕스러운 사람으로 분류된다(영화에서 전자는 '영웅'으로 만들어지고 후자는 '광대'로 만들어진다). 현재 메타버스 게임은 영화 〈매트릭스〉의 게임보다 사실 모방성이 크게 떨어지지만, 둘 모두 사람들로 하여금 현실이 아닌 것을 알면서도 줄곧 찾게 만든다. 그런 의미에서 '가상현실'은 '일상 현실'의 비뚤어진 가치perverse core이다.[30] 가상 게임에서 총을 난사함으로써 사무직 회사원은 현실 속 사장에게 예의 바르게 웃는 얼굴을 지속할 수 있고, 아르바이트생은 야근과 노골적인 수탈을 계속 참을 수 있다.

〈매트릭스〉의 '진실의 사막'과 마찬가지로 〈레디 플레이어 원〉의 '현실'도 이미 폐허와 다름없는 슬럼가이다. 질서는 마비되고 폭력 사태가 수시로 벌어진다. 사람들은 저마다 시뮬레이션 게임 세계에서 자신의 삶을 '선택'하고 있다. 이런 상황에서 아버지가

30　吴冠军, 〈虚拟世界是现实的变态核心〉, 《南风窗》, 2009年 第2期.

남긴 해결책을 계몽하는 방법은, 오아시스를 일주일에 이틀씩 폐쇄하는 동안 모두 폐허와 같은 현실에서 살아야 하는 실질적인 자유선택권을 주는 것이다. 계몽의 아버지의 후계자는 할리데이의 말처럼 '현실은 유일한 진실'이라며 직접 존재론적 선언을 한다 (이는 영화의 마지막 대사이기도 하다). 즉, 현실의 진정성을 의심할 여지가 없다는 얘기다. 그런 의미에서 계몽의 아버지는 게임 개발자로서 '당신은 자유롭게 선택할 수 있지만 내가 당신에게 알려준 '옳은' 옵션을 선택'해야 한다고 말한다는 점에서, 매트릭스에서의 전체주의 통치와 근본적으로 다르지 않다. 〈매트릭스〉에서 저항조직의 지도자들은 자유로운 선택(빨간 약 혹은 파란 약)을 제공하는 것처럼 보였지만 이 또한 거짓이었다. 저항조직에게 매트릭스 안에 사는 모든 사람은 상황을 모르는 민중이거나, 계몽해야 하거나, 혁명의 반역자이거나 제거 대상이다.

스필버그(계몽의 아버지)와 워쇼스키(광대와 숭고한 영웅)는 각각 휴머니즘 정치의 틀 안에 있는 우익과 좌익이라고 할 수 있다. 둘 다 '자유로운 선택'의 가치를 기치로 내세우지만 바탕색은 '옳은 선택'이다. 이는 마치 서방이 중동에서 자유로운 선택을 주창할 때 서방이 제공하는 '보편'의 길을 택해야 한다는 전제가 깔려 있던 것과 마찬가지다. 이것은 '자유롭게 선택할 수 있지만, 정치적으로 올바른 내용만 선택할 수 있는' 현재 미국의 국내 정치 상황과도 같다. 예컨대, 미국에서 노직 스타일의 우익 자유지상주의자는 '당신이 전권국가나 그보다 조금 약화된 복지국가가 아닌 최소국가를 '올바르게 선택하기만 한다면, 그 어떤 것도 자유롭게 선택할 수 있다(심지어 사적인 영역에서 이상한 선택을 해도 가능하다)'고 말한다. 또 좌익의 LGBTQ주의자들은 '당신이 LGBTQ를 올바르게 지지하기만 한다면, 자유롭게(워쇼스키 자매처럼 성별을 선택하는 것까지) 선택할 수 있다'고 말한다.

휴머니즘의 틀에서 자유선택의 전제는 '올바른' 선택이다. 플라톤에서 노직에 이르기까지 시뮬레이션(동굴, 경험 기계)에 있어 '현실'은 언제나 존재론적 우선성을 갖고 있으며, 유일한 정확함이자 자연적 정확함이다.[31] 휴머니즘 속의 우익과 좌익은 모두 사람들이 자유롭게 선택한 '옳지 않은' 선택의 결과를 직시하지 못한다. 이들에게 휴머니즘 정치 패러다임은 반인간주의-전체주의, 즉 사람들의 '자유선택권'을 박탈하는 것으로 바뀌었다. 계몽의 아버지는 수시로 '계몽'이라는 베일을 벗고 '아버지'의 독단을 뚜렷이 드러낼 수 있다. 조르조 아감벤Giorgio Agamben은 '역사의 종말'을 선고받은 1990년대부터 수용소를 '우리가 여전히 그 안에 살고 있는 정치 공간의 은밀한 매트릭스와 조약법'이라고 정의했다. 여태껏 서구 정치의 패러다임은 수용소였고, 구조적으로 누구나 언제든 '벌거벗은 생명'이 될 수 있고, 휴머니즘은 줄곧 전체주의와 같이 '내재된 단결성'을 내포하고 있다.[32]

---

31 吴冠军, 〈施特劳斯与政治哲学的两个路向〉,《华东师范大学学报(哲学社会科学版)》 2014年 第5期.

32 Giorgio Agamben, *Homo Sacer: Sovereign Power and Bare Life*, trans. Daniel Heller-Roazen, Stanford: Stanford University Press, 1998, pp. 10, 166.

존재론적 혼란: 우리는 모두 게이머이다

존재론적 측면에서 '자유선택'은 결코 근본적인 것이 아니다. 마르틴 하이데거Martin Heidegger는 존재론적 측면에서 모든 '사람'은 예외 없이 기존 세계에 '던져진' 것이라고 했다. 다시 말해, 당신이 살고 있는 당면의 '현실'에 살고 있는 것은 '자유선택'의 결과가 아니라는 것이다. 바로 이런 '던져진' 속성이야말로 '사람'이 '거기-존재/여기 그리고 지금being-there'에 존재하는 존재론적 측면에서의 초조한angst 체험이다. 그리고 그것이야말로 하이데거가 '실존주의는 일종의 휴머니즘'이라는 폴 사르트르Jean Paul Sartre의 주장에 근본적으로 반대했던 이유이다. 나아가 하이데거는 '모든 휴머니즘은 형이상학에 뿌리를 두고 있거나, 아니면 그 자체가 형이상학의 토대'라고 강조했다.[33] '인간'의 존재론적 결과는 특정한 본성(자유)이 아니라 그의 투입성(현존재)이다. 어차피 당신이 선택의 여지 없이 '현실'에 '던져졌기' 때문에 '현실'과 '게임'(매트릭스/오아시스/메타버스) 중 어느 하나를 선택한다는 것은 근본적으로 당신이 '현존재'로 사는 데 있어서 선택의 여지가 없음을 감추기 위한 것이다. 선택은 가상이고 선택의 여지가 없는 것은 현실이다.

게다가 '자유선택'의 정치적 권리는 '현실'에 대한 존재론적 불안을 결코 해결하지 못했다. 〈매트릭스〉 1부와 4부에서 두 번 다

---

33 Martin Heidegger, "Letter on 'Humanism'," in his *Pathmarks*, ed. William McNeill, Cambridge: Cambridge University Press, 1998, p. 245.

메타버스 안의 초연결성 |

빨간 약을 선택한 앤더슨(네오)은 실제로 깨어난 뒤의 '진실의 사막'이 정말 '현실'인지, 예전 '현실계'의 컴퓨터가 시뮬레이션한 세상이 '현실'인지 증명할 방법이 없다. 그렇다면 왜 반대로 생각(깨어난 후 시뮬레이션한 가상의 세상으로 던져진 것이고, 실제로는 기존의 '현실'에서 혼수상태에 빠진 것)할 수는 없을까? 만약 기존 '현실'에서의 모든 세부 사항을 시뮬레이션할 수 있다면, 깨어난 후 그 '현실'의 모든 세부사항('매트릭스 현실'로 돌아가서 하늘을 날고 있는 장면들을 포함하여)은 왜 시뮬레이션한 것으로 볼 수 없는 것일까? 사실, 앤더슨이 깨어난 후 그를 '구세주the one'로 환원시킨 것은 역설적으로 깨어난 후의 그가 오히려 시뮬레이션한 가상세계로 들어갔음을 증명하기도 한다. 우리는 늘 게임에서 핵심적인 역할을 수행하니까 말이다. 경제학자 로빈 핸슨Robin Hanson은 만약 당신이 유명인이거나 특별히 흥미진진한 삶을 살고 있다면, 당신이 처한 '현실'이 시뮬레이션일 가능성이 높아진다고 주장했다. [34]

앤더슨(네오)이 깨어난 이후의 체험은 여러 가지 가능성을 열어두고 있다. 하나는 네오가 빨간 약을 먹은 후 하나의 시뮬레이션에서 다른 하나의 시뮬레이션으로 넘어갔을 가능성이다.(〈매트릭스〉 2부의 엔딩이 이러한 가능성을 암시하고 있음). 또는 빨간 약을 먹기 전과 후 네오의 세계가 동일한 시뮬레이션 세계일 가능성이다. 이 시뮬레이션 세계에서는 우리가 큰 게임 안에서 여러 개의 작은

---

34 Robin Hanson, "How to Live in a Simulation," *Journal of Evolution and Technology* 7, 2001.

게임을 하듯,[35] 사람들이 특정 도구(알약)를 먹으면 구세주로 변신할 수 있는 짜릿한 경험을 제공하는 것이다. 즉, 존재론적으로 유일하게 확증할 수 있는 것은 우리가 수동적으로 어떤 '현실'에 '던져짐'을 당했다는 것뿐이다. 이 '현실'에서 선택권을 갖고 있더라도 '현실' 자체의 존재론적 상태는 확인할 수 없다.

다시 〈매트릭스: 리저렉션〉으로 돌아가 보자. 다시 재개된 '매트릭스'는 근대의 '계몽'적 성격을 띤다. 이때의 '매트릭스'는 과거의 여러 매트릭스 버전들을 자유롭게 선택하고 출입할 수 있다. 이제 매트릭스는 〈레디 플레이어 원〉의 '오아시스'와 같은 '메타버스' 게임이 된 것이다. 문제는 '매트릭스'의 가장 밑바닥('현실'의 존재론적 상태)에는 여전히 '진실'이 숨겨져 있다는 것이고, 이 '진실'을 알게 된 네오와 트리니티는 또 다시 '매트릭스'와 싸운다. 이러한 설정으로 인해 〈매트릭스:리저렉션〉은 1편의 단순 반복이라는 비판을 받았다. 그러나 이 반복은 그 자체로 정치철학적 의미를 지닌다. 이와 같은 자기해체적 방식은 워쇼스키의 휴머니즘적 시각이 〈매트릭스〉의 정치적 난제를 풀 수 없음을 보여 준다. 또한 '자유롭게 선택'할 수 있는 정치적 권리(휴머니즘적 대안)가 '현실'에 대한 존재론적 '불안'을 해소할 수 없음을 보여 준다. 왜냐하면 모든 '현존재'는 존재론적으로 모두 수동적으로 어떤 '현실'에 내던져졌기 때문이다.

---

35 See Adam Elga, 'Why Neo Was Too Confident that He Had Left the Matrix,' 〈http://www.princeton.edu/~adame/matrix-iap.pdf〉.

이제 분석 대상을 영화 속 '매트릭스'에서 영화 밖의 '현실'로 옮겨 보자. 현재의 '현실'은 〈매트릭스: 리저렉션〉의 계몽된 '매트릭스'와 같아서, 사람들은 경제적 상황만 허락되면 '메타버스' 게임에 진입할지 여부를 자유롭게 선택할 수 있다. 또한 전문가(대부분 '과학자'의 이름을 가진)들은 게임은 아무리 재미있더라도 게임일 뿐, 게임 밖의 '현실'만이 유일한 '현실'이라고 거듭 고지한다. 문제는 만약 당신이 앤더슨이 느꼈던 존재론적 '불안'(타인의 눈에는 예민하거나 히스테리적인)을 느낀다면, 과연 네오와 같은 '급진주의자'(또는 테러리스트)가 되지 않을 만큼의 충분한 증거를 '현실'에서 찾을 수 있겠냐는 것이다. 아니면 '애널리스트'를 찾아 약으로 불안을 해결할 것인가? 정신분석가와 심리치료사들은 대중문화에서 흔히 '돌팔이quack'로 묘사되는데, 그 대척점에는 '과학자'들이 있다. '애널리스트'가 불안을 해결하지 못한다면 과학자들은 가능할까?

실증주의에 기반한 현대과학은 아쉽게도 '현실'의 존재론적 진실성을 검증할 수 없다. **'메타버스'에서 축적된 감성적 경험과 '현실'에서의 경험은 존재론적으로 차이가 없기 때문이다.** 롤스의 "삶에서 그 안으로, 죽음에서 그 밖으로enter only by birth and exit only by death"라는 말처럼[36] 일생을 '메타버스'에서 생활하고 이를 '현실'이라고 믿는 과학자가 있다고 가정해 보자. 이 과학자는 자신이 사는 세계에서 많은 경험적 관찰과 실험을 하고 다양한 물리적 법칙을 찾아내 논문과 저서를 발표할 것이다. 이렇게 확립된 '지식' 체계는 형이상

---

36 Rawls, *Political Liberalism*, p. 445.

학적인 것이 아닌 과학적인 것이다. 또한 더 많은 관측 데이터로 진위를 검증할 수 있기 때문에 새로운 증거를 통해 베이즈 확률 Bayesian probability을 높일 수 있다. 즉 '메타버스' 세계의 물리학·화학·생물학 등의 연구는 '현실'과 동일한 방식으로 엄밀하게 진행될 수 있으며, 이를 통해 새로운 현상을 예측할 수도 있다. 오히려 우리의 '현실'이 진실된 것(또는 '메타버스'나 '매트릭스')이라고 주장하는 것이 비과학적이다. 이는 플라톤이 '현실'은 동굴이며 이데아의 세계만이 유일한 실재라고 주장한 것과 같이 전형적인 형이상학적 주장이기 때문이다. 과학은 존재론적 '실재(현실)'를 다루지 않으며, 실험 결과를 예측할 수 있는 이론 모형을 제시할 뿐이다.

스티븐 호킹Stephen Hawking은 '현실은 진실'이라고 주장하는 모든 실재론적 철학 담론에 반대하며, 모형의존적 실재론model-dependent realism을 주장했다. 즉, 우리는 모형을 통해 '현실'을 인지할 뿐이라는 것이다. 아원자 수준에서는 우리의 관측 방식이 관측 결과에 직접적으로 영향을 주기도 한다. 예컨대 입자의 속도와 위치를 동시에 확정할 수 없거나, 관측 이전에는 입자의 속도와 위치가 존재하지 않으며 특정 관측 행위가 입자의 위치 또는 속도를 결정한다. 양자역학의 이와 같은 '소름 돋는' 실험 결과로 인해 '현실'에 대한 모든 주장들(형이상학이든 전통 물리학이든)이 무너졌다. 그리고 이러한 실험 결과로 인해 과학계에는 존재론적 불안이 만연하게 됐다. 가장 큰 문제는, 과거 우리가 실험 결과를 예측할 수 있었던 이론 모형(뉴턴의 법칙부터 아인슈타인의 상대론까지)이 무너졌다는 것이다. '양자현실'이 진실된 것이라면, 우리가 오랫동안 경험해 온 '현실'은 진실되지 않은 것이 된다. 호킹은 모형의존적 실재론으로 현대물리학이 야기한 존재론적 불안을 해소했다.

우리는 머릿속에 집, 나무, 타인, 전기, 원자, 분자 등 우주에 관한 개념을 구축한다. 머릿속의 이 개념들은 우리가 알 수 있는 유일한 현실이다. 모형에 의존하지 않는 현실 검증은 존재하지 않는다. **이는 정교하게 구축된 모형이 스스로의 현실을 만들어 낸다는 것을 의미한다.**[37] (강조는 필자)

호킹에 따르면 우리는 '모형'을 통해 '대상을 인지'한다. 인간의 뇌는 이러한 '세계에 관한 모형'을 통해 감각기관으로 들어온 각종 정보를 해석하고 이를 '현실'로 간주한다. '우리의 인지'(또는 이론에 기반한 관찰)는 직접적인 것이 아니라 일종의 렌즈(뇌에서 만들어진 설명 구조)를 통해 만들어진다.[38] 즉, 호킹에 따르면 '현실'은 원래 '모형'으로 구축된 것이다. 모형의존적 실재론에 따르면, 컴퓨터가 정밀하게 구축한 모형이 만들어 낸 '현실'도 '실재/진실'이라 할 수 있다.

과학 연구의 대상은 '현실'이 아니라 '모형'이다. 즉, 연구하는 '모형'이 관측된 데이터에 부합하면 과학적인 연구라 할 수 있다.

---

37 Stephen W. Hawking and Leonard Mlodinow, *The Grand Design*, New York: Bantam, 2010, pp. 14, 267.

38 Stephen W. Hawking and Leonard Mlodinow, *The Grand Design*, pp. 75, 18-19.

현재 과학 수준에서는 아직 하나의 독립적인 쿼크quark를 관측할수 없지만, 과학계에서는 이를 우주의 가장 기초적인 입자 중 하나로 인식하고 있다. 사실 '쿼크'는 원자구조를 해석할 수 있는 효과적인 모형이며, 이를 통한 예측은 실험으로 검증 가능하다. 그렇다면 컴퓨터가 '모델링'한 '매트릭스'에서 생활하는 과학자가 가장 기초적인 물리 엔진을 제기했다면, 그 성과는 '통일장 이론'을 제기하려다가 양자역학 실험 결과로 인해 좌절한 아인슈타인을 능가하는 것이라 할 수 있다.

만약 우리가 시뮬레이션에서 기인한 '현실'에 살고 있다면, 과학자들은 이를 전혀 분별할 수 없을 것이다. 실제로 〈매트릭스〉 시리즈 개봉 이후, 힐러리 퍼트넘Hilary Putnam이 '항아리 속의 뇌'에 대한 통찰을 불러일으키는 데 성공했다. 퍼트넘에 따르면, 우리가 영양액 속에 잠긴 뇌가 아니라는 것을 확신할 수 없다는 것이다.[39] 또한 숀 레비Shawn Levy 감독의 영화 〈프리 가이free guy〉(2021)는 우리가 컴퓨터 프로그램이 아니라는 것을 확실히 증명할 수 없다는 점을 일깨워 줬다. 나의 모든 '자유로운 선택'(절차화된 '삶'에 대한 반항을 포함하는) 또한 절차화될 수 있다. 영화 속 영웅 '가이'(라이언 레이놀즈 분)는 자신이 살고 있는 '현실'이 컴퓨터가 만들어 낸 게임인 줄 몰랐을 뿐만 아니라 자신이 게임 속 NPC인 줄도 몰랐다. 그가 네오처럼 진실을 발견한다면, 그는 '자유의 도시'(일명 매트릭스)를

---

39 Gerald Erion and Barry Smith, 'Skepticism, Morality, and *The Matrix*', in William Irwin (ed.), *The Matrix and Philosophy: Welcome to the Desert of the Real*, Chicago: Open Court, 2002, pp. 20-22.

떠날 뿐만 아니라 자신이 갖고 있다고 생각했던 '주체성'을 찾아야 한다. 영화에서 그는 자유의 도시를 떠나는 것은 성공했지만 주체성을 찾는 것은 달성하지 못했다. 여성 게이머 밀리(사실상 게임 소스코드의 수석 개발자, 주디 코머 분)에 대한 '사랑'의 힘으로 프로그램 설정을 어긴 일종의 '자유행동'이 결국 '자유도시'를 와해시켰지만, 여전히 프로그래밍의 궤도를 벗어나지 못하는 것은 밀리에 대한 그의 '사랑' 자체가 프로그램 설정이었기 때문이다(또다른 게임 개발자가 몰래 설치한 것이다). 새롭게 재개된 게임 세계 '자유인생'(밀리, 키보드 등 진정한 게임 개발자들이 장악한 게임)에서도 가이는 자유를 추구하기 위해 사랑을 자제하려고 노력한다. …

〈프리 가이〉와 〈매트릭스〉가 비슷한 점은 영웅이 휴머니즘적 가치('자유', '사랑')에 의해 원래의 '매트릭스'에서 벗어나게 된다는 것이다. 또 〈레디 플레이어 원〉과 비슷한 점은 게임의 세계관을 장악한 개발자가 계몽적 휴머니스트라는 점이다. 그러나 〈프리 가이〉는 정치적 측면에서는 휴머니즘적 가치를 내세우지만, 존재성 측면에서는 자유·사랑 등의 가치가 프로그램적으로 설정될 수 있으며 나아가 서로 다른 가치 간, 다른 세계(게임) 간의 '선택'도 프로그램으로 설정될 수 있다는 포스트휴머니즘적 의문을 심어 준다. 〈매트릭스: 리저렉션〉에서 네오는 저항조직을 희생시킬 만큼 트리니티를 '사랑'했지만, 〈프리 가이〉처럼 사랑의 정체성 onto-genesis에 대해서는 더 이상 문제를 제기하지 않았다.[40] 이 의혹

___

[40] 이 사랑 자체가 절차적으로 설정된 것이라면, 네오의 행동은 사실 세이버와 다를 것이

이 불러일으킨 존재성의 문제는 어떤 과학도 풀 수 없다. [41]

칼럼니스트 올리비아 솔론Olivia Solon은 《가디언》에 발표한 〈우리의 세계는 시뮬레이션인가?〉에서 '우주가 시뮬레이션이라고 믿는 이유는 우주가 수학적으로 작동한다는 것과 아원자 입자로 분해되는 것이 마치 픽셀화된 비디오게임과 같기 때문'이라고 밝혔다.[42] 컴퓨터 시뮬레이션은 기본적으로 수학에 의해 움직이고, 우리의 '현실'도 마찬가지이다. 수학자·철학자를 비롯한 학자들은 여러 수학 개념과 공식의 본질적 상태는 무엇인지 지속적으로 묻고 있다. 그것은 인간의 심지적 창조일 뿐인가, 혹은 어떤 비물질적 실체로서 실재하고 있는가? '불완전성 정리'를 제시한 쿠르트 괴델Kurt Godel은 수학적 개념과 이념이 그들의 '현실'을 만든다고 주장한다. 그렇다면 이 '현실'과 우리가 경험하는 '현실'은 어떤 관계일까?

물리학자 맥스 테그마크Max Tegmark는 《맥스 테그마크의 유니버스Our Mathematical Universe》에서 '우리는 하나의 **관계적 현실**에 살고 있으며 우리가 세계에 둘러싸인 속성은 궁극적인 부재에서 비롯된 것이 아닌, 부재들 사이의 여러 관계에서 비롯된 것'[43]이라고

없다. 또 분석가는 네오가 트리니티에 대한 사랑을 장악한 것으로 보고 있다.

[41] 吳冠军, 〈爱的本体论: 一个巴迪欧主义-后人类主义重构〉, 《文化艺术研究》, 2021年 第1期 참조.

[42] Olivia Solon, "Is our world a simulation? Why some scientists say it's more likely than not", *The Guardian*, Oct 11, 2016. https://www.theguardian.com/technology/2016/oct/11/simulated-world-elon-musk-the-matrix

[43] Max Tegmark, *Our Mathematical Universe: My Quest for the Ultimate Nature of*

말하며, 우주가 존재할 수 있는 이유는 수학이 그 존재를 허가했기 때문이라고 설명했다. 많은 우주가 존재하는 것은 그 안의 물리적 규칙이 우리의 '현실'과 완전히 다르더라도 모든 수학적 구조가 그에 상응하는 '관계적 현실'을 가질 수 있기 때문이다. 테그마크는 〈팩맨〉과 〈테트리스〉를 예로 들며 어떤 우주 속의 시공간은 연속이 아닌 흩어진 것일 수도 있고, 그곳에서의 움직임은 연결되지 않는 상태로 나타날 수밖에 없다고 주장했다. 이렇게 여러 가지 효과적인 수학적 구조에 상응하는 '게임'들이 '우주'를 이루고 있다.[44] 만약 수학적 구조가 마법을 허용한다면, '마법의 우주'는 곧 존재하는 것이다. 수학적으로 허용된 모든 것들은 다 발생했고, 이는 셀 수 없이 발생했다. 수학의 우주는 구조적으로 '다중우주multiverse'를 포괄한다. 이러한 의미에서 〈팩맨〉, 〈월드 오브 워크래프트〉부터 오늘날의 '메타버스' 게임과 〈호라이즌 월드〉까지 모두 '다중우주'의 일부로 볼 수 있는데, 그 우주에서 수학의 진리를 발견한 것은 단지 프로그래머가 사용한 일부 코드를 발견했을 뿐이다.[45]

　이론물리학자이자 노벨상 수상자인 프랭크 윌첵Frank Wilczek은

　　Reality, New York: Knopf, 2014 (ebook), p. 358. 강조는 필자. 〈팩맨〉에서는 반쪽짜리 콩을 먹을 수 없고, 〈테트리스〉에서는 블록이 비스듬히 돌아가지 않기 때문에 이 두 세계의 운동은 모두 뿔뿔이 흩어진 것이다.

44　Max Tegmark, *Our Mathematical Universe*, pp. 434-435. 하지만 테그마크 본인은 우리가 시뮬레이션 게임에 살고 있을 가능성은 높지 않다고 본다.

45　Edward Frenkel, "Is the Universe a Simulation?", *The New York Times*, Feb 14, 2014. http://www.nytimes.com/2014/02/16/opinion/sunday/is-the-universe-a-simulation.html

《이토록 풍부하고 단순한 세계: 실재에 이르는 10가지 근본》(2021)에서 현재 물리학 연구는 네 가지 힘(전자기력, 강력, 중력, 약력)으로 귀결되고, 이들은 몇 가지 수학 공식을 통해 정확하게 표현할 수 있으며, 또한 '정보를 잃지 않고 짧은 컴퓨터 프로그램으로 이론들을 구현 가능하다'고 했다. 나아가 '네 가지 힘에 대한 프로그램들은 하나의 메인 프로그램으로 통합'할 수 있고, 이것이 바로 '물리 세계의 운영 프로그램이며, 이는 여전히 컴퓨터의 운영 프로그램보다 훨씬 간단'하다고 주장했다.[46] 즉, 우리 현실 세계를 개발하는 것은, 게임 〈젤다의 전설: 황야의 숨결The Legend of Zelda: Breath of the Wild〉 같은 게임을 개발하는 것보다 훨씬 간단하다는 것이다.

윌첵이 보기에 현재 인공지능과 가상현실의 발전 속도를 보면 〈매트릭스〉에서 나타난 상황은 결코 불가능한 것이 아니다. 우리의 '감각기관'이 컴퓨터가 생성한 전기신호를 감지하고, 우리가 체험하는 '외부 세계'(의식으로 설명되는 데이터 흐름)는 사실상 '컴퓨터 프로그램에 의해 길게 생성되는 신호'이며, 이 '외부 세계'는 프로그래머가 정하는 바에 따르기 때문에 프로그래머가 설정한 어떠한 규칙도 따를 수 있다. 윌첵은 '슈퍼 마리오'가 지능적이고 자의식적인 존재라고 충분히 상상해 볼 수 있다고 여겼다. 감각기관 우주의 물리적 규칙은 우리 세계와 다를 뿐만 아니라, 의도적으로 규칙을 깨는 '깜짝 선물'(부활절 쿠키와 같은 것)도 포함되어

---

46 Frank Wilczek, *Fundamentals: Ten Keys to Reality*, London: Penguin, 2021 (ebook), pp. 179-180.

119   메타버스 안의 초연결성

있다. 우리도 점성술에 의해 성립되는, 혹은 저주를 가하면 순식간에 생명이 소멸되는 세계를 성립할 수 있을 것이다. …[47]

데이비드 찰머스는 《리얼리티+》(2022)에서 '우리가 비록 하나의 가상세계에 있다고 해도 우리의 세계'는 진실이라고 선언했다.[48] 수학적 우주의 존재적 분석 측면에서 우리는 수학이 존재를 허용하는 모든 현실은 진실이라고 할 수 있다. 이 '우주'는 모든 사물을 다양한 아원자 입자로 귀결시킬 수 있지만, 전자·쿼크들의 '실체'에 대한 논의는 할 수 없는 사실상 순수한 수학적 대상이다.[49] 수학적 우주에서 우리 '현실' 속의 물체, 자신의 육신이 곧 '진실'이라면, 가상의 메타버스 게임에서는 다양한 디지털 사물·아이템·플레이어의 아바타가 동일하게 진실하다. 이런 의미에서 우리는 찰머스가 〈매트릭스〉에서 어린아이가 네오에게 말한 '그곳에 숟가락이 없다'는 대사의 더 적절한 표현은 '그곳에는 숟가락 하나 그리고 디지털 숟가락 하나가 있다'라고 지적한 것[50]에 동의할 수 있다. 물론, 우리가 라캉적 의미의 '진실real'이라는 용어를 사용한다면, 디지털적 질서(우리가 체험하는 '가상현실')와 기호적 질서(우리가 체험하는 '현실')은 진실에 도달할 수 없다. 기호적 질서는 기호언어 매체를 통해, 디지털적 질서는 기호와 감지 매체를

47 Frank Wilczek, *Fundamentals: Ten Keys to Reality*, pp. 126-128.
48 David J. Chalmers, *Reality+*, p. 27.
49 Max Tegmark, *Our Mathematical Universe*, pp. 223-224.
50 David J. Chalmers, *Reality+*, p. 27.

통해 '현실'이 구축되기 때문이다.[51]

　옥스퍼드대 철학자 닉 보스트롬Nick Bostrom은 논문 〈우리는 시뮬레이션 속에 살고 있는가?〉(2003)에서 만약 인류 문명이 그 순간에 도달하기 전에 소멸되지 않는다면, 우리는 '포스트인류' 문명의 시뮬레이션에서 만들어진 '세계'에 살고 있다고 주장했다.[52] 미국국립공학원National Academy of Engineering 회원으로 선출되고 세계 최고 부자가 된 일론 머스크Elon Musk는 누가 긴 시간 동안 얼굴에 스크린을 달고 '메타버스' 생활을 펼치려 하겠느냐고 토로한 바 있지만(그의 대안은 기기를 직접 뇌에 연결하는 것이었다), 그는 우리가 이미 '메타버스'에서 살고 있다고 생각할 가능성이 크다. 일론 머스크는 2016년 한 인터뷰에서 전자게임과 '현실'에 대해 다음과 같이 논했다.

　40년 전의 비디오게임은 직사각형 두 개와 점 한 개가 전부였던 〈퐁Pong〉[53]이었다. 40년이 지난 지금, 빛과 그림자를 사실적으로 구현해 내는 3차원 시뮬레이션에서 몇 백만 명이 동시에 놀고 있으며, 시뮬레이션은 해를 거듭할수록 더 좋아진다. 우리에게는 곧 가상현실, 증강현실이 있을 것이다. 만약 당신의 게임과 현실의

51　吴冠军, 〈政治秩序及其不满: 论拉康对政治哲学的三重贡献〉, 《山东社会科学》, 2018
　　年 第10期 참조.

52　Nick Bostrom, "Are You Living in a Computer Simulation?", *Philosophical Quarterly*
　　53(211), 2003, pp. 243-55.

53　1972년 출시된 두 사람이 탁구를 치는 시뮬레이션 게임이다.

발전 진도를 그려 본다면, 그 둘은 점점 구별할 수 없게 될 것이다. 심지어 진행 속도가 지금보다 천 배 이상 떨어진다 하더라도 1만 년 후의 미래를 예상할 수 있고, 혁명적인 잣대가 필요 없는 일이 벌어지며, 게임과 현실이 구분되지 않는 일이 일어날 것이다. 우리 는 분명히 게임과 현실의 구별이 없는 궤도에 있다. 이 게임들은 어떤 게임기나 개인용 컴퓨터에서도 즐길 수 있으며 이러한 컴퓨 터나 게임기는 수십억 개가 넘게 있다. **이는 우리가 실제 현실에서 살아갈 확률은 수십억 분의 1이라는 뜻이기도 하다.**[54](강조는 필자)

게임 분석을 통해 머스크는 우리의 현실이 거의 시뮬레이션임 을 주장했다. 즉, 엄청난 양의 현실 게임이 다중우주를 이루고 있 고, 수많은 메타버스 게임에서 당신이 공교롭게 실제의 우주(진정 한 메타-버스, 이후에 설계된 우주)에 던져질 확률은 아주 적다. 인간 은 반세기 이상 엄청난 양의 비디오게임을 즐겼고, 뒤늦게 '메타 버스' 프로젝트가 자리 잡고 있다는 것은 부인할 수 없다. 이는 실 제의 우주와 비교하여 시뮬레이션으로 만들어진 '현실'의 수가 훨 씬 많다는 것을 의미한다. 시뮬레이션 기술의 '기하급수적' 발전 속도를 고려한다면, 우리는 문명이 존재하지 않거나 시뮬레이션 속에서 살고 있다는 머스크의 결론에 동의하지 않을 수 없다. [55]

54   Elon Musk, "Is life a video game?" talk given at *Code Conference 2016*. https://www. youtube.com/watch?v=2KK_kzrJPS8&feature=youtu.be&t=142

55   Elon Musk, "Is life a video game?".

결론적으로 하이데거의 '존재론적 차이'를 차용하여 설명하면, '현실'(우리가 몸담고 있는 우주)과 비디오게임의 시뮬레이션(메타버스)은 결코 존재하지 않는 것이다. 존재론적 측면에서 우리는 모두 게이머라고 할 수 있다. '메타버스'에 빠져 있는 사람들은 게임 속에서 게임을 한다고 할 수 있다.

놀이, 탐구, 창조: '양자현실' 중의 게임 개발자들

이 시점에서, 우리는 게임 개발자라는 근본적인 (정치적) 존재론 문제에 직면하게 된다. 모든 시뮬레이션을 통해 나온 '세계'는 개발자나 시뮬레이터가 필요하다. 그것이 사람이든, 지능을 가진 외계인이든, 인공지능이든 말이다. 게임 개발자들은 사실상 시뮬레이션 '세계'의 신神과 같은 존재이며, 심지어 많은 게임들은 이스터에그Easter Egg 코드를 입력하면 플레이어가 '세계'의 물리적 규칙을 어길 수 있게도 한다.

〈매트릭스〉의 개발자는 반드시 무너질 전지전능한 권력자이고, 〈레디 플레이어 원〉의 개발자는 계몽의 아버지이며, 〈프리 가이〉의 개발자는 권력을 빼앗긴 실권자이다(마지막에 다시 권력을 되찾기는 한다). 그들은 모두 예외 없이 '현실'에서 불가능한 자리, 구조적 예외의 자리를 차지하고 있다. 아이러니하게도, 이 세 영화는 모두 서로 다른 휴머니즘 가치(자유, 사랑 등)를 추구하고 있으며, 마지막에 휴머니즘의 '신'을 구조적으로 삽입하는 것으로 끝난다.

시뮬레이션 신학simulation theology은 신학의 중요한 현대적 발전이다.[56] 그렇다면, 신학에 접근하는 것이 컴퓨터게임(그리고 현재의 '현실')의 유일한 존재론적 가능성일까?

유대인인 저커버그가 (2016년 말 자신은 더 이상 무신론자가 아니라고 선언했지만) 곧 '신'이 될 거라고 상상할 수 없다면 대안적 존재론을 생각해 볼 필요가 있다. 필자가 보기엔 정치적 존재론의 예외성인 '신'을 피하려면 양자물리학의 대입이 필요하다. '시뮬레이션 가설'(우리는 이미 시뮬레이션 가설 속에 살고 있다)에 대한 기존의 논의는 이미 양자물리학을 끌어들였다. 양자물리학은 이 '우주'가 무한히 분해될 수 없다는 것을 보여 준다(아원자 입자 정도까지 분해 가능하다). 다시 말해, 픽셀화된 컴퓨터게임처럼 미시적 수준에서 흩어져 있으며, 연속적이지 못하다. 미국항공우주국NASA의 수석 과학자 리치 티렐은 다른 관점에서 이 문제를 바라봤다. 그는 만약 '시뮬레이션 가설'이 성립한다면, 양자역학의 '측량 문제'는 해석이 가능하다고 말했다(이는 수십 년 동안 줄곧 난제였다). 과학자들은 노력을 통해 우리에게 의식적인 관찰자가 필요하다는 이념을 물리쳤다. 어쩌면 진정한 해결 방안은 의식 있는 실체가 필요한 것일지도 모른다. 마치 컴퓨터게임이 의식이 있는 게임 플레이어를 필요로 하는 것처럼.[57] 철학자 마커스 아반Marcus Arvan은

56 Eric Steinhart, "Theological Implications of the Simulation Argument," *Ars Disputandi* 10(1), 2010, pp. 23-37.

57 Quoted in Olivia Solon, "Is our world a simulation? Why some scientists say it's more likely than not", *The Guardian*, Oct 11, 2016. https://www.theguardian.com/

만일 우리의 '현실'이 P2P 구조로 만든 컴퓨터 네트워크가 시뮬레이션한 '우주'라면 '양자중첩, 양자 불확실성, 파동−입자 이중성, 양자파 파동함수의 붕괴, 양자얽힘, 플랑크 길이, 관찰자에 대한 시간의 상대성' 등 8개 양자 현상이 설명될 수 있다고 말했다.[58] 반면, 양자물리학자 리처드 파인만Richard Feynman은 논문 〈컴퓨터를 이용한 물리학 시뮬레이션〉(1982)에서 양자 현상은 고전 컴퓨터가 물리적 세계를 시뮬레이션할 수 없도록 하며, 고전 컴퓨터는 오직 고전물리학이 그리는 지역적 · 인과적 · 가역적 세계'만을 시뮬레이션할 수 있다고 주장했다. 그러나 새로운 종류의 양자컴퓨터는 적절한 수준의 양자 기계와 적합한 등급의 양자 계산기가 탑재되어 있어 물리 세계를 포함한 모든 양자 시스템을 시뮬레이션할 수 있다.[59] 최근 물리학자와 컴퓨터 과학자들은 양자컴퓨터의 모든 가능성을 이용하여, 계산부터 시작해 모든 '현실'이 시뮬레이션화 될 확률을 연구하고 있다.[60]

특히 양자물리학을 도입한 이유는 게임 개발자의 문제를 존재

technology/2016/oct/11/simulated-world-elon-musk-the-matrix

58 Marcus Arvan, "The Peer-to-Peer Hypothesis and a new theory of free will", *Scientia Salon*, Jan 30, 2015. https://scientiasalon.wordpress.com/2015/01/30/the-peer-to-peer-hypothesis-and-a-new-theory-of-free-will-a-brief-overview/

59 Richard P. Feynman, "Simulating physics with computers", *International Journal of Theoretical Physics*, 21(6), 1982, pp. 471, 475, 476.

60 Scott Aaronson, "Because You Asked: The Simulation Hypothesis Has Not Been Falsified; Remains Unfalsifiable," *Shtetl-Optimized*, Oct 3, 2017; Alexandre Bibeau-Delisle and Gilles Brassard, "Probability and consequences of living inside a computer simulation", in *Proceedings of the Royal Society A*, Vol. 477, no. 2247, 2021, pp. 1-17.

론적으로 재고할 수 있게 해 주기 때문이다. 양자물리학은 '세계'를 설명하기 위해 개발자(신)를 필요로 하지 않는다. 호킹 박사가 제안한 '무경계 제안no-boundary proposal'은 빅뱅(당시 종교계에 의해 신의 증명으로 알려졌다)[61]을 원시 특이점으로 되돌리기 위해 양자물리학을 이용하는 것이다. 호킹은 파인만의 다중역사 개념을 도입하여 우주는 원래 다양한 역사를 가진 양자중첩 상태에 있으며, 파동함수로 설명할 수 있다고 주장했다(파동함수가 무너지면 상상적인 시간, 그리고 뒤에 가능한 실제 시간이 작동한다). 약 137억 년의 우주 역사는 우주의 수많은 역사 중 가능한 하나에 불과하며, 다른 많은 우주의 역사도 이유 없이 계속 시작되었지만, 그중 대부분은 '매개변수'가 충분하지 않았기 때문에 곧 사라져 버렸다. 호킹 박사가 말했듯, '만약 우주에 경계가 없고 통제력이 없다면, 신은 우주의 시작을 선택할 자유가 없을 것이다.'[62]

이제 우리도 호킹 박사의 사고를 따라가 보자. 신에 관한 문제에서 벗어나기 위해, 양자물리학을 컴퓨터게임에 대한 존재론적 사고에 접목시켜 보자. '매개변수'가 충분하지 않아 어떤 시뮬레이션 프로그램은 시작하자마자 꺼질 것(우주의 소멸)이고, 어떤 프로그램은 실행 후 실패할 것을 우리는 모두 알고 있다. 오늘날 게

---

61 1981년 바티칸 가톨릭교회에서 열린 우주학회에서 교황은 '빅뱅' 이후의 역사는 과학자들에게 맡긴다고 했지만 대폭발은 하느님의 몫이라고 말했다. 호킹이 그 자리에서 연설한 내용이 바로 '경계 없는 우주'의 모델이다. Kitty Ferguson, *Stephen Hawking: His Life and Work*, London: Transworld, 2011, pp. 102-103

62 Kitty Ferguson, *Stephen Hawking: His Life and Work*, p. 129.

임이 출시되기 전('우주'와 같은 상상적인 시간)에는 많은 베타테스터들이 필요할 뿐만 아니라, 게임이 출시된 후에도 게이머들이 게임을 즐길 수 있도록 지속적으로 게임을 개선해야 한다. 그래서 게임 개발자는 '신'이라는 단어에서 제외되었다. 어떤 게임도 잘 개발할 수도 완성할 수도 없다. 양자 규모에서 우리의 물리적 '실체'는 결코 완성될 수 없고 확실하지 않다. 게임이 장면을 시뮬레이션하는 것처럼, 게임은 플레이어가 걸어 들어가 탐험할 때만이 그 확실성을 보여 준다. 양자물리학의 관점에서 바라보면, 놀이playing와 조작performing은, 곧 세계의 창조worlding에 참여하는 것이다.[63] 세계 창조의 중요성은 점점 감소한다. 즉, **세계 창조는 세계의 일부**가 된다. 이는 시뮬레이션 세계에서 게임 개발자와 게임 플레이어가 동등하게 중요하다는 뜻이다.[64] 들뢰즈주의자 콜린 크리민Colin Cremin은 '게임 개발자들은 프로그램을 만든다. 하지만 그 창조는 게임을 하는 동안에만 실현된다. 바꿔 말하면, 태어날 수 없는 영상, 스크린샷과 단편들로부터의 해방이다'라며, '플레이어들은 (게임) 예술 형식 안에 내재되어 있다'고 말했다.[65] 게임 플레이어와 개발자는 함께 게임의 '세계'를 구현한다.

---

63 인류문명사에 있어 먼 곳(머나먼 대륙, 화성, 더 먼 은하)에 속해 있는 인간의 세계는, 마치 게임 속에서 '안개' 시스템이 열리는 세계관(심지어 늘어나는 '확장팩'까지 있다)처럼 놀면 놀수록 세상이 풍요로워지고 '게임 맵'이 커진다.

64 게임 이용자들은 신(운영자)의 패턴이 많이 나타나는 세상이야말로 자멸하는 세상임을 잘 알고 있다.

65 Colin Cremin, *Exploring Videogames with Deleuze and Guattari: Towards an Affective Theory of Form*, London: Routledge, 2016, p. 3.

양자역학은 인간의 머리로 상상 가능한 최대의 '다세계적 해석'으로 불린다. 게임의 각도에서 이해해 보면 이는 더 쉽다. 실제로 매번 '놀이'를 행할 때마다 '세계'의 분열을 초래한다(이 '세계'에서는 당신이 어디서든 다칠 수 있으며 심지어는 죽을 수도 있다. 또 다른 '평행세계'에서 당신이 달려가고 있을 동안에도 말이다). 즉, 플레이어가 게임에 들어갈 때마다 만나는 '세계'는 '양자 평행세계' 중 하나이지만, 이것이 각각의 특정 '세계'에서 일어나는 일에 대해 영향을 주고받지 않는다는 것은 확실하다. 플레이어는 수많은 '평행세계' 또는 '우주의 역사'에서 자신의 아바타를 가질 수 있다는 것을 알고 있지만, 만약 어떤 사람이 기억이 있는 순간부터 시뮬레이션 세계('현실'로 보인다)에서 살아왔다면, 그 혹은 그녀는 평행세계에 자신의 존재를 아는 사람이 있으며 그 평행세계에 자신이 존재한다는 사실을 알 수 없다. 그 혹은 그녀에게 그 안의 '세계'는 유일한 '현실'이며, 상황과의 모든 상호작용은 확실하고 돌이킬 수 없고(이는 모두 기록되고 또다시 실행해도 같은 결과를 낳는다[66]), '현실'에 있는 우리처럼 느낀다.

양자역학의 실험 결과 밝혀진 아원자 규모에서 운동의 불연속성, 파동-입자의 이중성, 무작위성, 중첩성, 비국부성, 얽힘 등은 우리로 하여금 존재론적 측면에서 '존재being'·'개체'·'실체'에 대해 논할 수 없도록 하였고, 오히려 '형성becoming', '관계', '집합체assemblage'에 대해 논하도록 하였다. 서로 부딪히기affect 전에 미리

---

66 현재 많은 게임들이 녹화 및 리플레이 기능을 제공하고 있다.

존재하는 독립적인 '실체'는 마치 강한 상호작용-strong interaction(강력) 이전에 미리 존재하는 원자핵, 그리고 그 내부에 양성자·중성자 등이 존재하지 않는 것과 같다. 〈제9의 예술〉에서 필자는 컴퓨터게임을 상호작용의 예술로 정의했는데, 이는 상호작용 시스템이 구조적으로 내장되어 있기 때문이다.[67] 이 논제를 존재론 차원으로 밀고 나가자면, 게임은 플레이어가 게임 세계의 오브젝트, NPC 그리고 다른 플레이어들과 '강력한 상호작용'을 할 수 있다는 점에서 '상호작용의 예술'이다. 다른 말로 하면, 플레이어들은 바로 이 상호작용 안에서 진정한 '플레이어'(정적인 데이터 패킷이 아닌)가 된다. 이는 NPC와 아이템도 마찬가지이다. 강력한 상호작용(놀이) 없이는 게임의 세계도 없다. 강력한 상호작용의 의미에서, 우리의 '현실'과 컴퓨터게임의 '가상현실'은 모두 '양자현실'로서 존재론으로 표현된다. '양자현실'의 관점에서, '현실'에 관한 모든 경험은 허황된 것이다. 당신은 하늘 위의 흰 구름을 볼 수도, 눈앞의 창틀과 창문 아래 자는 고양이를 볼 수도 있다. 하지만 양자 범위 안의 '세계'에는 '고양이'도 '창'도 '구름'도 없다. 이는 시뮬레이션 세계에서 당신이 체험하는 '고양이'와 '창'과 '구름'이 단지 데이터 패킷인 것과 같다. 당신이 창을 열거나 고양이를 놀린다면, 실질적으로는 기기 안의 입자가 상호작용하거나 알고리즘이 데이터 교환을 집대성하는 것이다.

더 나아가 보자. 나는 〈제9의 예술〉에서 게임 자체가 여러 예술

---

67 吳冠军, 〈第九艺术〉, p. 42 참조.

메타버스 안의 초연결성 |

형식의 '상호작용'을 포함하고 있기 때문에 종합예술이라고 주장했다.[68] 게임이 '상호작용의 예술'인 이유는 게임 개발이 강력한 상호작용으로 이루어지기 때문이다. 그들의 강력한 상호작용으로 인해 게임 기획자, 캐릭터 디자이너, 프로그래머, 아트 엔지니어, 사운드 아티스트, 테스터 등이 각자 존재의 이유가 된다. 다시 말하면, '게임 개발자'는 그 자체로 하나의 집합체이다(개인이 아니라). 게임 개발자가 미리 존재하는 것은 아니며, 단지 상호작용 속에 형성되는 개발자becoming developer가 될 뿐이다. 게이머들이 게임의 형성에 중요한 기여를 하며, 개발자와 플레이어 사이에 근본적인 경계가 없다. 나 자신은 주식회사 광영光榮株式會社에서 선보인 전술게임 시리즈 〈삼국지〉의 헤비 플레이어이다. 다른 플레이어들과 마찬가지로 게임 자체의 편집 도구와 제3자 도구를 이용하여 직접 시나리오를 설계하고 물리적인 매개변수를 수정한 후, 직접 참여하여 그 차별화를 '형성'하는 것을 좋아한다. 게임과 개발 도구와의 강력한 상호작용을 통해 나는 '게임 개발자가 되었다becoming-player/developer'.

양자물리학자이자 포스트휴머니즘 사상가인 카렌 바라드Karen Barad는 '개체는 그들의 상호작용에 앞서 존재하지 않는다. 반대로 개체는 얽혀 있는 내적 관계intra-relating를 통해 생겨나며, 내적 관계의 일부분으로서 나타난다'고 말했다.[69] 바라드는 '상호작용'이 '개체'에 앞서 존재한다고 주장했을 뿐만 아니라, '상호작용' 대신 '내

---

68 吳冠军, 〈第九艺术〉, pp. 42-43.

69 좋은 반응을 이끌며 출품된 게임은 출시 후에도 확장팩, 자료, DLC(다운로드 가능 콘텐

부행동intra-action'이라는 단어를 사용할 것을 제안했다. '상호작용'
이라는 단어는 휴머니즘이라는 단어에 갇혀 있으며 각각의 개별
적 활동들, 즉 사전에 미리 존재했던 활동들 사이에서 발생한다고
가정되어 있다. 서로 '내부행동'을 하는 활동자들은 미리 존재하지
않으며, 오히려 '내부행동'을 통하여 나타난다. 필자가 보기에, '내
부행동' 개념은 게임 '세계'(하나의 집합체) 내의 상호작용에 특히
적합하다. 게임 내 플레이어의 아바타는 단지 정적인 데이터 패킷
에 지나지 않는다. 하지만 환경, 사물/도구, NPC 및 다른 플레이
어들과 내부행동을 할 때 능동적이게 되며, 그제서야 '활동적'으로
변한다.[70] 내부 행동interior action은 '얽히고 설킨 행위자들의 구성'이
다.[71] 게임에서 독립적이고 자존하는 '개체'는 존재하지 않으며, 어
떤 능동자도 관계적 의미에서만 능동자가 된다. 우리의 현실에서
도 마찬가지다. 예를 들어 게임 개발 프로젝트 팀이라는 집합체 내
에서 개발에 참여하는 모든 개체는 서로 내적인 행동을 하는 능동
자가 된다. 인간주의 정치철학은 바라드가 정의한 '상호작용'을 받
아들일 수는 있지만, 그가 정의한 '내부행동'은 받아들일 수 없다.

계몽은 그 지배적인 휴머니즘 정치철학을 자유, 평등, 권리, 주
체성, 자주, 선거(대의민주)등과 같은 주요 이념 위에 세웠다. 이런

츠) 외에 새로운 버전을 계속 출시하는데, 새로운 버전의 게임은 거의 완전히 새로운 게
임으로 거듭날 정도이다. 이는 질 들뢰즈가 말하는 '형성-차이'의 좋은 예시이다.

[70] Karen Barad, *Meeting the Universe Halfway: Quantum Physics and the Entanglement of Matter and Meaning*, Durham: Duke University Press, 2007, p. ix.

[71] 제인 베넷은 행동의 의미에서도 만물이 활발하다고 여겼다. Jane Bennett, *Vibrant Matter: A Political Ecology of Things*, Durham: Duke University Press, 2010.

이념이 위협받을 때 정치적 저항은 정당하고 정의로울 수 있게 된다. 이 모든 정치 개념은 '인간'(의식, 이성, 능동성, 독립성을 지닌 인간 개체)이라는 추상적 개념에 기초하고 있다. 이와 반대로 (전근대) 휴머니즘 정치철학은 '자연', '하늘', '하느님', 모든 '신', 모든 '영혼', 심지어는 모든 '사물'도 활동성(이런 '능력'은 종종 '인간'보다 더 강하다)은 물론 의식(심지어 더 높은 차원에서 '신의 의식')을 가질 수 있다고 보았다. 그러나 데카르트의 현대철학은 뉴턴이 개척한 고전물리학과 힘을 합하여 '인간'을 우주의 중심에 놓았다. 인간만이 의식, 이성, 능동성, 독립성을 지닌다는 것이다. 데카르트는 회의론적 사고로 '나는 생각한다, 고로 나는 존재한다'라는 개념을 확립하였고, 현대철학은 '정신res cogitans' 대 '물질res extensa'의 데카르트주의적 위계 구조를 확립하였다.[72] 뉴턴 물리학은 한 단계 더 나아가 물질은 타성이고, 능동성이 없으며, 밀고 당기는 기계적 인과관계에만 참여할 수 있다는 신념을 확립하였다. 휴머니즘은 현대성을 지배하는 이데올로기가 된다.

휴머니즘 정치철학은 사실 '인간 예외주의' 정치철학이다. '(**아르감** 용어를 빌리자면) 인간 로봇에 의해 만들어진 인간주의적 위계 체계에서는 더 이상 인간 이상의 존재는 존재하지 않으며, 인간이 위계의 최상위에 위치하고 동물·식물·무기물은 그 아래에 위치한다. 인간에게는 '주체'로 간주될 권리가 부여된다.[73] 〈매트

....

72 Karen Barad, *Meeting the Universe Halfway*, p. 33.
73 데카르트의 경우 동물은 기계화된 자동기계일 뿐이다.

릭스〉 시리즈에서는 '매트릭스'의 반항자가 인간으로 설정되었다. '매트릭스'와 '진실의 사막'에 존재하는 가상 존재들은 모두 정치 과정에 전혀 참여하지 않는다. 둘의 존재론적 상황은 완전히 다르지만 정치적 존재론적 상황은 거의 일치함에도, 오직 인간만을 능동자로 보는 것은 휴머니즘의 틀 안에서 설정된 것이다. 양자물리학이 열어 놓은 포스트휴먼posthumans의 관점에서 모든 인간과 비인간nonhumans은 능동성을 가질 수 있으며, 능동성은 미리 '소유되는' 것이 아니라 '내부행동'을 통해 서로 형성되는 것이다. 뉴턴의 고전물리학에 기반을 둔 휴머니즘 정치철학에서, '인간 개체'는 환경과 다른 '개체'에 대해 '분할성separability'을 가지는 반면 그 자신에 대해서는 '비분할성indivisibility'을 가진다. 양자물리학은 상호작용에 앞서 어떠한 독립적인 '인간 개인'도 존재하지 않는다는 후자의 휴머니즘적 통설을 제공한다. '인간 개인'은 환경에 대해 '분할'할 수 없으며 오로지 그 자신만을 '분할'할 수 있다.

휴머니즘의 틀 안에서 사회과학 연구는 개인의 **행동**('외부' 관점) 또는 개인의 의도('내부' 관점)에 초점을 맞춘다. 그러나 바라드는 이런 '내부'와 '외부'의 이원론을 완전히 탈피해야 한다고 제안한다. 정말 중요하게 생각해야 하는 것은 행동이나 의도가 아닌 능동성이다. 능동성은 하나의 (절대성이 아닌) 관계성의 범주이며, 서로 얽혀 있는 결과이지 개별 단위의 속성이 아니다. 사람을 포함한 모든 능동자는 하나의 비국소 집합체에 비해 능동적이며, 내부행동은 언제나 어떤 집합체 내부에서 전개된다. 물론, 인간은 관계적 능동성(인간주의는 '주체적 능동성'이라고 정의)을 통해 자신을 실현하고, 자신이 되고 싶은 '인간'이 될 수 있다. 비인간들도 관계적 능동성을 통해 자신의 실현에 실질적으로 기여할 수 있다. 휴머니즘 정치철학은 자유선택에 초점을 두고 있으며, 포스트휴머니즘 정치철학은 관계적 능동성에 초점을 두고 있다.

이러한 다양한 휴머니즘 가치에도 불구하고, 〈프리 가이〉는 영화 속에서 포스트휴머니즘 정치철학을 보여 준다. 이 영화에서 우리의 시야는 NPC의 '현실' 경험을 따라간다. '자유도시'('매트릭스', '오아시스', '메타버스'와 상응)에서 비인간들은 다른 관계성 능동자(플레이어, 비플레이어 캐릭터, 그리고 '선글라스'와 같은 물체/도구)와의 상호작용을 통해 얻은 능동성을 자신에게 적용한다. 〈프리 가이〉는 비인간에 대한 '인간'의 존재론적 우선권을 급진적으로 깨뜨린다. 플레이어와 비플레이어 캐릭터는 상호작용('놀이' 또는 내부행동)과 상호 구성이라는 의미에서 존재적으로 평등하며, 찰스의 용어를 빌어 각각 '생물 시뮬레이터biosim'와 '순수 시뮬레이터 pure sim'로 불릴 수 있다.[74] 〈프리 가이〉의 영웅은 (〈매트릭스〉의 네오, 〈레디 플레이어 원〉의 파시파과 같은) 인간 플레이어가 아니라 바로 인간이 아닌 NPC, 즉 자유이다. 그들은 더 이상 '개인'의 전유물이 아니다. 비인간 플레이어('가이'라고 불리는 NPC)는 관계적 능동성으로 스스로를 '자유의 가이, 즉 프리 가이(영문 제목명)'로 만든다. 영화 속에서 플레이어, NPC, 물건 모두 '놀이'라는 실천을 통

---

74 吴冠军, 〈神圣人, 机器人与"人类学机器"─二十世纪大屠杀与当代人工智能讨论的政治哲学反思〉, 《上海师范大学学报(哲学社会科学版)》, 2018年 第6期 참조.

해 집합체의 '세계' 형성에 참여하며 함께 '자유도시'를 '자유인생'으로 탈바꿈시킨다. 이처럼 '현실'의 사람과 비인간 플레이어는 존재론적 차원에서 모두 한낱 수학적으로 미세 입자에 지나지 않는다. 게임 세계 속에서 인간과 비인간은 내부행동(놀이)을 통해 서로를 구축하고, 그전에 모든 것은 한 더미의 코드화된 데이터들이다. 그들 모두가 평등하게 세계 생성에 참여하고, 그 과정 속에서 '자신'을 성취한다.

우리 안에 있는 '현실'은 존재론적 차원에서 보면 하나의 게임이다. 이것 역시 완성되고 존재론적으로 닫힌 세계가 아니다. 우리의 '현실'도 그 안에서 활동하는 사람들의 내부행동에 따라 끊임없이 변화한다. 수많은 능동자(인간과 비인간)들이 그 안에서 놀고 탐구하고 창조하기 때문에 현실 세계는 끊임없이 형성된다. 포스트휴머니즘의 지평선에서 정치철학의 연구 대상은 '인간 개체'들이 서로 상호작용하는 **공동체**가 아닌, 다양한 인간과 비인간 능동자들이 서로 내부행동을 하는 **집합체**이다. 모든 능동자와 집합체 자체는 항상 끊임없이 형성되고, 또 창조/갱신되고 있다. 바라드는 '세계 생성'의 정치적 존재론을 '능동적 현실주의agential realism' 또는 '가능성의 정치politics of possibilities'라고 불렀다. 그에게 능동성이란 '변화의 가능성을 바꾸는 것'이다.[75] 요즘 사람들은 생활 속에서나 게임 중에 매번 인터넷에 접속해 '전략'을 검색하고 '전략'이 가르쳐 주는 대로 놀고 행동한다. 능동성은 놀이를 통해 실천

---

75 David J. Chalmers, *Reality+*, pp. 42-3.

의 형성과 변화에 관한 모든 가능성을 변화시키는 것을 의미한다.

능동자로서 이러한 '가능성의 정치'를 어떻게 추진해야 할까? 바라드의 대답은 '공간-시간-물질을 내부행동으로 재구성하고, 권력의 구조에 대한 모든 형태의 상상과 개입을 책임지는 것'이다.[76] 우리는 모두 '양자현실'의 메타버스 게임 개발자이며, '사람'과 '사물'이 모두 세상의 변화(세계 생성)를 책임진다. 〈프리 가이〉는 화면에서 '자유도시'의 NPC, 인간 플레이어, 사물, 보이지 않는 프로그램 코드들이 내부행동으로 세계의 반복을 만들어 완전히 새로운 '현실'을 구성하는 것을 통해 '세계 생성' 가능성의 정치를 보여 주었다. 포스트휴머니즘의 정치철학은 '책임감 있는' 정치철학이다. 이는 우리가 어떤 변화 가능성에 대하여 행동할 때, 윤리적 책임을 지며 그에 따르는 일에 책임을 지는 것이다.

하이데거는 '던지기thrown-ness'와 '떨어지기fallen-ness'를 구별했다. '던지기'는 과거에 일어났고, 우리는 항상 우리의 선택과 상관없이 특별한 '세계' 속으로 던져진다. 반면 '떨어지기'는 현재와 관련이 있다. '어떻게 존재하는가'라는 질문에 스스로 '매일성everydayness'과 '세계 속으로 흡수absorption-in-the-world'를 자행한다. '던지기'는 '선택의 자유'라는 허망함을 보여 주고, '떨어지기'는 우리에게 관계적 능동성을 포기해서는 안 되며 세계화에 정치적으로 참여할 책임이 있음을 일깨운다. 그런 의미에서 '놀이'는 '떨어지기'가 아니라 정치이론가 한나 아렌트Hannah Arendt가 말한 '적극적인 삶vita activa'이다.

....

76　Karen Barad, *Meeting the Universe Halfway*, p. 178.

결론: 함께 탐구하고 창조하다

능동성을 지닌 존재로서의 존재에게는 '현실'의 진실 여부에 대한 문제보다, 자신이 속해 있는 '현실'의 생성'에 어떻게 참여할 것인가가 더 중요한 문제이다. 바라드의 표현을 빌리면, '세계의 재구성에 **어떻게** 참여할 것인가'이다.[77] 전자는 **존재론**의 문제이고 후자는 **정치적 존재론**의 문제이다.

우리는 '현실/메타버스'(오아시스, 매트릭스, 자유도시)에 던져진 존재로서, 존재론상의 '현실' 문제뿐만 아니라 인식론적 문제(다른 사람들도 심지/의식을 가졌는가)에 대해 판단을 멈출 수 있다. 또 정치적 존재론의 세계 생성에 초점을 맞추고(가능성 정치): 다른 능동자(플레이어, NPC, 사물 등)와 함께 '현실'에 존재하며 서로 접촉(놀이)하고 탐구하며 창조할 수 있다. 존재론적 '양자현실'은 수많은 가능성이 존재하는 '현실'이고 잠재성, 불확실성, 우연성에 관한 '현실'이다. 포스트휴머니즘 정치 존재론에 대해 우리는 다음과 같은 공식을 도출할 수 있다.

worlding = wording/coding + playing/performing

(세계화 = 단어화/코드화 + 플레이/조작)

샹위훼이羹宇慧는 컴퓨터게임의 존재론에 대해 '조작은 존재에

---

77 Karen Barad, *Meeting the Universe Halfway*, p. 246.

선행한다'고 주장했다. 그는 아서 에번스의 말을 인용하며, '게임은 텍스트로서 읽을 수 없고 음악으로서 들을 수도 없으며, 반드시 플레이해야 한다'고 말했다. 쟝위훼이의 시각에서 컴퓨터게임의 존재론적 상황은 바로 '당신이 하지 않으면 게임은 아예 존재하지 않는다'이다.[78] 우리는 쟝위훼이의 논지를 양자현실의 관점에서 추진할 필요가 있다. 놀이는 곧 세계 생성에 참여하는 내부행동이다. 또한 내부행동을 연습하는 '놀이'로서 모든 종류의 존재론적 등급제를 폐지해야 한다. (플라톤에서 노직까지의 관점으로 볼때) 현실은 '가상현실'에 선행하고, (휴머니즘의 관점으로 볼 때) 인간은 사물에 선행한다.

모든 '현실'은 내부행동을 통해 끊임없이 새로운 가능성을 갖게 된다. **놀이, 즉 세계 생성에 참여하는 것**은 컴퓨터게임의 정치적 존재론이자 우리 현실의 정치적 존재론이다. 우리 모두는 세계의 개발자이며 이에 대한 책임이 있다. '천하흥망 필부유책天下興亡 匹夫有責'이라는 말처럼, 모든 능동자는 자신이 처한 세계에 대해 책임을 져야 한다. 포스트휴머니즘의 지평에서 게임 개발자의 자세는 가부장적 태도의 '내 게임을 해 줘서 고마워'가 아니라, 이 게임을 함께 해(잘해) 보자는 것이다.

---

78 Karen Barad, *Meeting the Universe Halfway*, p. 91.

참고문헌

Aaronson, Scott (2017), "Because You Asked: The Simulation Hypothesis Has Not Been Falsified; Remains Unfalsifiable," *Shtetl-Optimized*, Oct 3.

Agamben, Giorgio (1998), *Homo Sacer: Sovereign Power and Bare Life,* trans. *Daniel Heller-Roazen*, Stanford: Stanford University Press.

Arvan, Marcus (2015), "The Peer-to-Peer Hypothesis and a new theory of free will", *Scientia Salon*, Jan 30, 2015, 〈https://scientiasalon. wordpress.com/2015/01/30/the-peer-to-peer-hypothesis-and-a-new-theory-of-free-will-a-brief-overview/〉.

Barad, Karen (2007), *Meeting the Universe Halfway: Quantum Physics and the Entanglement of Matter and Meaning*, Durham: Duke University Press.

Baudrillard, Jean (1983), *Simulations*, trans. Paul Foss, Paul Patton and Philip Beitchman, New York: Semiotext[e].

Bennett, Jane (2010), *Vibrant Matter: A Political Ecology of Things*, Durham: Duke University Press.

Bibeau-Delisle, Alexandre (2021), and Gilles Brassard, "Probability and consequences of living inside a computer simulation", in *Proceedings of the Royal Society A*, Vol. 477, no. 2247: 1-17.

Bostrom, Nick (2003), "Are You Living in a Computer Simulation?", *Philosophical Quarterly* 53(211): 243-55.

Chalmers, David J. (2022), *Reality+: Virtual Worlds and the Problems of Philosophy*, New York: W.W. Norton.

Cremin, Colin (2016), *Exploring Videogames with Deleuze and Guattari: Towards an Affective Theory of Form*, London: Routledge.

Erion, Gerald (2002), and Barry Smith, "Skepticism, Morality, and The Matrix", in William Irwin (ed.), *The Matrix and Philosophy: Welcome to the Desert of the Real*, Chicago: Open Court.

Ferguson, Kitty (2011), *Stephen Hawking: His Life and Work*, London: Transworld.

Feynman, Richard P. (1982), "Simulating physics with computers", *International Journal of Theoretical Physics*, 21(6), 1982: 471-6.

Frenkel, Edward (2014), "Is the Universe a Simulation?", *The New York Times*, Feb 14, 2014, ⟨http://www.nytimes.com/2014/02/16/opinion/sunday/is-the-universe-a-simulation.html⟩.

Hanson, Robin (2001), "How to Live in a Simulation," *Journal of Evolution and Technology* 7, 2001.

Hawking, Stephen W. (2010), and Leonard Mlodinow, *The Grand Design*, New York: Bantam.

Heath, Alex (2021), "Facebook is planning to rebrand the company with a new name", *The Verge*, October 20, 2021.

Heidegger, Martin (1998), "Letter on 'Humanism'," in his *Pathmarks*, ed. William McNeill, Cambridge: Cambridge University Press.

姜宇辉 (2021), 〈数字仙境或冷酷尽头: 重思电子游戏的时间性〉, 《文艺研究》 2021年 第8期.

Ludlow, Peter (2007), and Mark Wallace, *The Second Life Herald: The Virtual Tabloid that Witnessed the Dawn of the Metaverse*, Cambridge, Mass.: The MIT Press.

Mouffe, Chantal (1993), *The Return of the Political*, London and New York: Verso.

Nozick, Robert (1980), *Anarchy, State, and Utopia*, Oxford: Blackwell.

Sleep, Drew (2021) (ed.), *The History of Video Games*, Willenhall: Future PLC.

Solon, Olivia (2016), "Is our world a simulation? Why some scientists say it's more likely than not", *The Guardian*, Oct 11, 2016, ⟨https://www.theguardian.com/technology/2016/oct/11/simulated-world-elon-musk-the-matrix⟩.

Steinhart, Eric (2010), "Theological Implications of the Simulation Argument," *Ars Disputandi* 10(1): 23-37.

Stephenson, Neal (2003), *Snow Crash*, New York: Bantam.

Rawls, John (1996), *Political Liberalism*, New York: Columbia University Press.

Tegmark, Max (2014), *Our Mathematical Universe: My Quest for the Ultimate Nature of Reality*, New York: Knopf.

Wilczek, Frank (2021), *Fundamentals: Ten Keys to Reality*, London: Penguin.

吴冠军 (1997),〈第九艺术〉,《新潮电子》1997年 第6期.

_____ (2009),〈虚拟世界是现实的变态核心〉,《南风窗》2009年 第2期.

_____ (2010),〈如何在当下激活古典思想——一种德勒兹主义进路〉,《哲学分析》2010年 第3期.

_____ (2014),〈施特劳斯与政治哲学的两个路向〉,《华东师范大学学报(哲学社会科学版)》2014年 第5期.

_____ (2018a),〈神圣人, 机器人与"人类学机器"——二十世纪大屠杀与当代人工智能讨论的政治哲学反思〉,《上海师范大学学报(哲学社会科学版)》2018年 第6期.

_____ (2018b),〈政治秩序及其不满: 论拉康对政治哲学的三重贡献〉,《山东社会科学》2018年 第10期.

_____ (2020a),〈后新冠政治哲学的好消息与坏消息〉,《山东社会科学》2020年 第10期.

_____ (2020b),〈从"后理论"到"后自然"——通向一种新的电影本体论〉,《文艺研究》2020年 第8期.

_____ (2021),〈爱的本体论: 一个巴迪欧主义-后人类主义重构〉,《文化艺术研究》2021年 第1期.

吴冠军 · 胡顺 (2021),〈陷入元宇宙: 一项"未来考古学"研究〉,《电影艺术》2021年 第2期.

Zagalo, Nelson, (2012) (et. al.), *Virtual Worlds and Metaverse Platforms: New Communication and Identity Paradigms*, Hershey: Information Science Pub.

무한 우주에서 닫힌 세계 혹은 갇힌 지상으로

생태 위기에 대한 응답으로서 라투르의 우주주의적 지구론

| 이지선 |

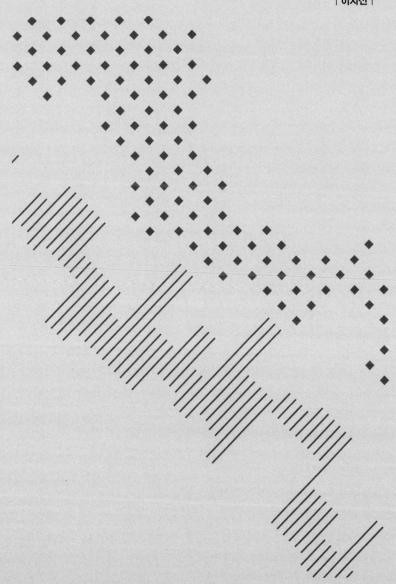

| 이 글은 《환경철학》제32집에 수록된 글을 수정 및 보완한 것이다. |

기후 위기와 생태적 사유의 요청

전 세계적인 팬데믹, 유럽 · 미국 등 대표적인 선진국의 큰 인명 피해와 대대적인 봉쇄 조치에 이르기까지, 코로나19가 사상 초유의 사태임은 분명하다. 또 하나 분명한 것은 이 사태가 생태학적 감수성을 일깨웠다는 사실이다. 기후온난화와 삼림 벌채 등에 따라 야생동물의 서식지가 파괴되고, 이에 따라 동물과 인간의 접촉이 증가하면서 인수공통 감염병의 유행이 빈번해지고 그 규모가 확대된 결과가 코로나19 대유행으로 이어졌다는 시각이 지배적이다. 실제로 이 시대를 대표하는 많은 지성들이 코로나19를 보건 위기일 뿐만 아니라 환경 위기로 보고 이에 대한 자각을 호소하고 있다.

그중에서 특히 브뤼노 라투르Bruno Latour의 사례는 주목할 만하다. 행위자-연결망 이론으로 잘 알려진 과학학자 라투르는 《우리는 결코 근대인이었던 적이 없다Nous n'avons jamais été modernes》(1991)와 그 후속작인 《자연의 정치학Politiques de la nature》(1999) 이후로 생태학, 정확하게는 정치생태학에 천착해 왔는데, 특히 2013년 기포드 강연Gifford Lectures을 기점으로 해서 그가 "신기후체제Nouveau régime climatique/New Climate Regime"라 부르는 기후 위기를 비판하는 이론적 · 실천적 작업을 선보이고 있다.[1] 이런 점을 고려한다면, 그가 코

---

1 라투르가 모국어인 불어 외에 때로는 직접 영어로 쓰기도 하는 이중언어 저술가라는 점은 그의 저작과 사상을 이해하는 데 중요하다. 그는 자신의 저작이 불어에서 영어로, 혹은 영어에서 불어로 옮겨지는 과정에 적극적으로 개입하는 편인데, 이러한 작업은 그에

무한 우주에서 닫힌 세계 혹은 갇힌 지상으로 |

로나19라는 보건, 환경 나아가 경제를 아우르는 총체적 위기에서 보여 준 성찰이 일시적으로 시류에 편승한 것이 아니라 오랜 생태학적 관심의 산물임은 짐작하고도 남는다.

이 글에서 나는 기포드 강연록을 토대로 저술된 ①《가이아와 마주하기Face à Gaïa/Facing Gaia》에서 시작해서, ②《어디로 착륙할 것인가?Où atterrir ?/Down to Earth》, 그리고 코로나19 팬데믹 1년 후에 출판된 ③《나는 어디에 있는가?Où suis-je ?》등 최근의 세 저작을 중심으로 라투르 정치생태학 사유의 흐름을 추적할 것이다.[2] 이 흐름으로부터 첫째 인류세 개념의 적극적인 도입, 둘째 가이아 이론의 재평가, 셋째 인류세와 가이아 이론에 대한 성찰을 종합한 결과로서 지구의 재개념화 등 세 가지 특징을 포착할 것이다. 이를 통해 라투르가 지질학에서 도입되어 현재 환경 및 생태 담론의 중심을 이루고 있는 인류세 이론을 적극적으로 수용하는 한편, 미셸 세르 Michel Serres의 생태철학에서부터 제임스 러브록James Lovelock과 린 마굴리스Lynn Margulis의 가이아 이론을 참조하며, 이로부터 아리스토텔레스적 우주론을 재해석하고 근대과학의 기계론적이고 환원론

게 한편으로는 불어와 영어 양 언어 사이의 미묘한 차이들을 숙고하고, 다른 한편으로는 개념이나 개념 자체를 가다듬고 더 분명하게 만드는 계기가 된다. 이 점을 고려하여 이 글에서는 라투르가 고유하게 사용하는 개념어를 원어로 표기할 때 불어와 영어로 병기한다. 단 영어와 불어 공히 철자까지 동일한 단어가 쓰이는 경우에는 한 단어로 표기한다.

2　① Bruno Latour, *Face à Gaïa*, Paris: La Découverte, 2015; ② Bruno Latour, *Où atterrir ?* Paris: La Découverte, 2017; ③ Bruno. Latour, *Où suis-je ?* Paris: La Découverte. 2021. 문헌의 접근성을 고려하여 ①과 ②의 인용은 포터C. Porter의 영역본 (*Facing Gaia*, Cambridge: Polity, 2017; *Down to Earth*, Cambridge: Polity, 2018)을 참조하고, ③의 인용은 원본인 불어본을 기준으로 한다.

적인 세계관을 극복하는 새로운 관점을 통해 생태 위기에 대해 자신의 고유한 답변을 제시함을 보일 것이다.

"운동하는 지구"에서 "감동하는 지구"로
: 인류세의 자연, 인간, 그리고 지구

인류세란 한 마디로 지구의 역사에서 인류가 주요한 요인으로 작용하게 된 지질학적 시대를 일컫는다. 대기 중 이산화탄소의 비율이 급격하게 증가하고, 평균기온과 해수면이 빠르게 상승하는 현상은 인간의 활동이 대기와 바다에 영향을 미치고 있음을 보여 준다. 이러한 활동의 "흔적"이 대지에도 남겨지고 있음은 물론이다. 1945년 원자폭탄 투하와 그 이후 이어진 실험으로 인해 방사성 동위원소는 이미 두껍게 퇴적되어 있고, 야생의 동식물이 점점 사라져 인류가 기르고 소비하는 농작물과 가축으로 대체되고 있으며, 플라스틱이 땅과 바다는 물론 심지어 동물의 내장에서도 발견되고 있다. 그리고 이는 지층에 고스란히 남겨져 100만 년 후 인류 문명의 존재 사실과 양식을 증거할 것이다. 미국의 생태학자 유진 스토머Eugene Störmer와 대기화학자 파울 크뤼천Paul Crutzen은 새로운 지질학적 시대를 선포하고, 이것이 인류의 영향으로 인한 변화라는 점을 강조하기 위해 인간을 뜻하는 'anthropos' 및 시간을 뜻하는 'kainos'에서 온 접미사 'cene'를 합성해서 이를 "인류세

Anthropocene"라 명명한다.[3] 이 개념은 지질학과 지구 (시스템) 과학을 넘어서 정치, 사회, 경제, 인문, 예술 등 여러 분야에서 폭넓게 논의면서 이 시대 생태주의 담론에서 대표적이고 상징적인 위치를 점하게 되었다.[4]

해밀턴Clive Hamilton에 따르면 지질학 및 지구과학에서 지구 시스템 과학으로의 패러다임 전환에 따라 지구와 생명을 하나의 역동적이고 통합적인 계로 다루는 '지구 시스템'이 새로운 연구 대상으로 도입되었고, 인류세는 이에 적용되는 개념으로서 제시되었다.[5] 46억 년의 지구 역사에서 길게는 몇 억 년에서 몇 백만 년 단위로 큰 변화가 있었고, 현재의 홀로세Holocene는 마지막 빙하기가 끝난 약 1만 2천 년 전에 시작되어 오늘에 이르렀다는 것이 층서학적 증거를 통해 엄밀하게 확립된 지질학적 사실이다. 현재는 이 홀로세가 끝나고 인류세라는 새로운 시대에 접어들었다는 것인데, 이 시대는 이전의 지질학적 시대와는 확실히 다르다. 단지 인류가 중요한 지질학적 요인으로 등장했다는 점에서만 그런 것이 아니다. 인류세의 등장은 지구과학과 생태학 등 관련 학문에서의

---

3 인류세에 대한 표준적인 서술로는 다음을 참조 : 클라이브 해밀턴, 《인류세: 거대한 전환 앞에 선 인간과 지구 시스템》, 정서진 옮김, 이상북스, 2018; 얼 C. 엘리스, 《인류세》, 김용진 · 박범순 옮김, 교유서가, 2021.

4 예를 들어 미술에서 인류세를 다루는 방식에 관해서는 다음을 참조: 전혜숙, 《인류세의 미술》, 도서출판 선인, 2021; 뱅상 노르망 외, 《디어 아마존 : 인류세에 관하여》, 현실문화 A, 2021.

5 "인류세는 국지적인 생태계에 인간이 야기한 혼란이 더욱 심각해진 국면을 가리키는 새로운 이름이 아니다. 인류세라는 개념은 생태계 교란을 뛰어넘어 지구 시스템의 균열을 인식하는 질적 도약을 포착하기 위해 고안되었다." 클라이브 해밀턴, 《인류세》, 32쪽.

인식론적 전환을 의미하는 것이기도 하다. 길어야 농경이 시작된 이후 8천 여 년, 짧게는 산업혁명 이후 2~3백 년에 불과한 인간의 작용이 수십억 년에 걸친 진화의 역사를 지닌 지구에 유의미한 변화를 가져왔다고 볼 수 있는가? 인간이 지구라는 행성 전체에 영향을 미칠 만큼 막강한 존재라고 볼 수 있는가? 이 질문은 인간과 지구, 나아가 인간과 자연의 관계에 대한 근대적인 이해를 전제하는데, 인류세 개념은 바로 이 전제에 의문을 제기한다.

라투르는 이전 저작들에서 근대가 자연과 문화, 인간과 비인간 등의 이분법에 기초하나 사실 이 이분법이 제대로 작동한 적은 없다고 누누이 강조하곤 했다. 인류세는 근대의 모순을 집약하는 한편으로 또한 해결할 가능성을 제시한다. 인류세가 "근대"의 대안으로 제시된 개념 중에서 가장 결정적이라는 라투르의 말은 이러한 맥락에서 이해될 수 있다. 가장 우선적인 과제는 자연 개념을 재고하고 이 개념을 구성하던 성분들을 재분배할 방법을 찾는 것이다. 이 문제와 관련하여 라투르가 가장 주요한 참조점으로 삼는 것이 미셸 세르다.

세르 : "자연상태"에서 "자연계약"으로

세르는 《자연계약론Le contrat naturel》(1993)을 발표하면서 후에 인류세 논의나 생태주의 및 환경론에서 제기될 문제들을 예고한다. 자연과 인간 사이의 이분법을 재고하고 자연을 재개념화하며, 나아가 지구와 동물을 포함한 자연을 권리 주체로 확립하고 인간과 동등한 계약을 체결함으로써, 인간과 자연 사이에 새로운 관계를 정립해야 한다는 것이 《자연계약론》의 주요한 주장이다. 자연은 더 이상 인간과 독립된 외부 실재나 소여가 아니다. 인간의 활동에 의해 영향을 받아 불안정하고 예측 불가능한 대상이 되었다. 자연의 역사와 인간의 역사는 더 이상 분리되지 않는다. 세르는 이것이 전례 없는 형이상학적 사건이라고 본다.

이를테면 기후 문제를 보자. 2021년 유럽에서는 유례없는 폭우와 장마로 독일이나 벨기에 같은 국가가 큰 피해를 입었다. 그런가 하면 호주에서는 가뭄으로 인해 산불이 크게 번져 무려 1억 마리의 야생동물이 희생되었다. 한국의 여름도 최고기온이 섭씨 37~38도에 육박하는 등 예년에 비해 무척 더웠다. 그런데 이것이 "이상 기온"이며 나아가 "지구온난화"의 결과라고 판단할 근거가 있는가? 이 정도로 높은 기온은 드물기는 하지만 지구 역사에 준하는 장기적 기준에서 보면 정상적인, 나아가 규칙적인 현상의 일부라 해석할 수도 있다. 이것이 첫 번째 해석이다. 그렇지만 세르는 첫 번째 해석에 반대한다. 이러한 현상이 지구 역사에 비추어 볼 때 예외적이고, 분명 인간에 의해 야기되었으며, 인간이 아니었다면 일어나지 않았으리라는 것이다.

산업혁명 이후 대기 중 화석연료 사용에서 나온 탄소 가스의 비중은 높아지고 있다. 독성 물질과 산성 제품도 늘어나고 있다. 온실효과를 일으키는 다른 기체도 증가한다. 태양은 지구를 가열하고 지구는 흡수한 태양열의 일부를 공간에 방사해 왔다. 대기 중 일산화탄소의 비중이 높아지면, 흡수된 태양열은 투과되지만 지구에서 반사된 태양열은 대기 중에 갇히게 된다. 따라서 지구의 냉각은 느려지고, 증발도 줄어들며, 대기는 온실의 비닐 같은 역할을 하게 된다. 이렇게 되면 지구의 대기 또한 금성처럼 살 수 없게 될 수도 있다.

먼 과거에도 이와 유사한 일은 없었다. 이제 우리의 개입으로 인해 공기의 성분이 바뀌고 물리적이고 화학적인 속성도 바뀐다. 대기가 하나의 계界·système라면 이 계의 행태도 완전히 바뀔 것이다. 과연 우리가 이 전 지구적인 변화를 묘사하고 예측하고 계산하고 생각하고 간파할 수 있을 것인가? 기후는 온난화될 것인가? 이러한 변화의 결과, 이를테면 바다의 수면 상승을 예측할 수 있을 것인가? 지대가 낮은 네덜란드, 방글라데시 같은 나라와 루이지애나 같은 지역은 어떻게 될 것인가? 새로운 대홍수를 맞아 침수될 것인가?

여기에서 두 번째 해석이 나온다. 태양 아래 새로운 것은 없다지만 이것은 분명 새로운, 희귀하고 비정상적인 현상이다. 원인은 짐작할 수 있다 해도 결과는 그렇지 않다. 기존의 기후학이 이에 적응할 수 있을 것인가?

이 현상은 지구 전체로부터, 그리고 모든 인간으로부터 비롯된다.

전全지구적 역사histoire globale가 자연으로 진입하고 전지구적 자연nature globale이 역사로 진입한다. 일찍이 철학에서 이런 일은 없었다.[6]

6 Michel Serres, *Le contrat naturel*, Paris : Flammarion, 1990, pp. 30-31.

과거에는 인간인 우리에게 의존하는 것과, 우리에게 의존하지 않으며 오히려 우리가 의존하는 것이 뚜렷하게 구분되었다. 전자에는 인간의 감정·욕망·의지 등이 속했고, 타인의 욕망·날씨·하늘의 운행·운명 등이 후자에 속했다. 후자를 포괄하는 것이 자연이었고 그 정점에는 신이 있었다. 전자는 후자에 비하면 극히 미미하고 미천한 것이었다. 이러한 자연관을 토대로 해서 어떻게 후자에 대체로 순응하고 전자에 집중하여 알맞은 도덕 준칙과 사회 규칙을 확립할 것인가가 고대, 특히 스토아 윤리학 및 정치학의 주요한 과제였다.

근대 이후 과학기술의 발달과 더불어 양자의 역학 관계는 크게 바뀌었다. 베이컨Francis Bacon으로 대표되는 근대 자연철학은 "우리에게 의존하지 않는" 많은 것들을 우리에게 의존하는 것들로 포섭했다. "자연을 복종하도록 만드는", 다시 말해 "우리에게 의존하지 않던" 자연을 "우리에게 의존하는 것"으로 만들려는 기획이었다. 이와 나란히 근대의 근간을 이룬 것이 사회계약론contrat social이고, 사회계약론의 근간에는 다시 "자연"이 있었다. 기존의 사회계약은 "자연상태état naturel"에 대한 가설에서 시작했다. 이 자연상태를 홉스Thomas Hobbes처럼 만인의 만인에 대한 투쟁이라는 전쟁 상태로 보든, 아니면 루소Jean-Jacques Rousseau처럼 이상적인 상태로 보든 간에, 인간이 이 상태에서 벗어나 상호 동등한 권리의 주체로서 계약을 맺음으로써 사회의 성립이 가능했다고 본 것이 사회계약론의 핵심이다. 자연과의 분리와 대립, 그리고 자연으로부터의 독립이 바로 인간이 사회를 구성하기 위한 가능성의 조건이라는 것이다. 자연과 인간의 대립이 시작되거나 아니면 적어도 본격화된 것도 이때부터였다. "(대)자연Nautre은 인간의 본성nature humaine으로 환원되고, 인간의 본성은 역사 혹은 이성으로 환원되었다. 세계monde는 사라졌다."[7] 세르의 말이다.

그런데 다시 오늘날에 이르러 "우리에게 의존하는 것"의 비중이 크게 높아져 "우리에게 의존하지 않는 것"을 압도하게 되고, 나아가 "우리에게 의존하는 것"에 우리가 다시금 의존하게 되었다. 앞서 말한 기후가 바로 그러한 예다. 우리의 활동이 기후를 바꾸고 있을 뿐만 아니라, 우리가 기후에 미치는 작용을 우리 스스로도 통제하지 못한 나머지 이러한 새로운 의존 양태가 생성된 것이다. 이에 따라 인간과 자연의 상호의존 관계, 나아가 자연과 인간의 관계 자체가 역전되거나 모호해졌고, 자연에 대한 재개념화가 불가피해졌다. 그런데 세르가 제시하는 새로운 자연관의 중심에 바로 지구가 있다.

"그래도 지구는 돈다. 그리고 떤다": '주체'로서 지구의 귀환

지구Terre/Earth는 하나의 행성이기 전에 대지terre/earth였다. 근대 이전까지 인간에게는 사실상 대지가 전부였다. 천문학자에게 지구는 세계의 움직이지 않는 중심이었다. 농부의 시선과 노동은 오로지 대지를 향해 있었고, 그런 그에게 대지는 착취의 대상인 한편, 그가 의존하는 대상이라는 점에서 경배의 대상이기도 했다. 지구

---

7 Michel Serres, *Le contrat naturel*, p. 82.

를 대지가 아닌 다른 관점으로 보기 시작한 것은 갈릴레오Galileo Galilei였다. 갈릴레오는 당시 처음 등장한 망원경을 이용해서 시선을 지구 바깥으로 돌려 지구와 유사한 다른 행성들을 관찰했고, 그럼으로써 지구가 수많은 행성 중 하나임을 발견했다. 이제 지구는 하나의 행성, 즉 무한한 공간을 떠도는 '별'이 되었다. 17세기 "저 무한한 공간의 영원한 침묵"이 블레즈 파스칼Blaise Pascal을 두렵게 했다면, 그것은 무한한 공간 안에서 지구는 유한하고 인간 또한 지구에서 벗어날 수 없는 존재로서 유한했기 때문이다. 오늘날에는 인공위성, 나아가 우주비행선을 쏘아 올려 지구를 바깥에서 거리를 두고 바라보는 경험을 통해 지구를 재발견 혹은 다른 방식으로 발견한다. 지구가 수많은 행성 중에서 홀로 파랗게 빛나며, 다른 행성처럼 그저 "돌고La Terre se meut/The Earth is moving"만 있는 것이 아니라 "떨고 있다La Terre s'émeut/The Earth is moved"는 사실이 그것이다.

오늘날 지구는 떨고 있다. 종전처럼 궤도를 따라 얌전히 움직여서도 아니고 심층에서부터 공기층에 이르기까지 계속 변화해서도 아니다. 우리의 행위에 의해 변형되고 있어서다. 고대의 법칙과 근대과학의 법칙에서 자연은 기준점으로 작용했다. 왜냐하면 자연에는 사회와 달리 주체가 없기 때문이었다. 법적인 의미에서 객체성은 과학적 의미와 마찬가지로 인간이 부재한 공간에서 나오는 것이었다. 우리에게 의존하지 않지만 우리가 권리상 그리고 사실상 의존하고 있었던 공간이 그것이다. 그러나 이제 그것은 우리에게 의존한다. 그리고 흔들린다. 우리 또한 예측된 평형에서 벗어난다는 사실을 우려한다. 지구가 우리를 우려하고, 또 우리로 인해 흔들리는 것이다! 이제 지구는 다시금 주체를 갖게 되었다.

　과학은 3세기 전부터 지구를 소환함으로써 모든 권리를 획득했다. 그리고 지구는 운동으로 답했다. 예언자는 왕이 되었다. 반면에 우리는 이미 패소했지만 다시 재판에 나가서 과거에 예언자였다가 이제는 왕이 된 갈릴레오의 후손들 앞에서 과거 갈릴레오가 그랬듯이 호소한다. "지구가 떨고 있다!" 과거 고정되어 있던 지구, 우리네 삶에 조건과 기초를 제공했던 지구가 움직인다. 우리의 근본인 지구가 떨고 있다.[8]

　물론 지구는 여전히 돈다. 그러나 단순히 뉴턴 법칙에 따라서 수동적으로 공전과 자전만을 반복하는 대상은 아니다. 그것은 떨기도 한다. 다른 말로 하면 기계적인 "운동se mouvoir/move"만 하는 것이 아니라 우리의 작용에 반응하고 감응하면서 말 그대로 "감동 s'émouvoir/be moved"하기도 한다. 이로부터 우리는 지구가 더 이상 우리가 거리를 두고 객관적 관찰과 기술을 할 수 있는 '객체'이기만 한 것이 아니라, 우리와 작용과 감응을 주고받는 동등한 '주체'임을 깨닫게 된다. 흥미로운 것은 이러한 지구의 '주체화'가 이전과는 전혀 다른 의미와 차원의 '객체화'와 나란히 이루어졌다는 사실이다. 인간이 지구 바깥으로 나가서 지구를 바라보게 된 것이다. 농부가 땅만 보고 일하다가 이따금씩 하늘을 올려다보고, 천

8　Michel Serres, *Le contrat naturel*, pp. 169-170.

문학자가 지구상에서 하늘의 별을 관찰하면서 지구를 이에 투사하여 한낱 행성에 불과함을 발견했다면, 우주비행사는 바로 이 행성을 행성 바깥에서, 아니 안과 밖, 아래와 위, 지상과 천상의 구분이 무의미해지는 광대한 우주에서 직접 관찰한다.

우리는 땅에서 멀리 벗어나서 마침내 대지 전체를 볼 수 있게 되었다. 등이 굽은 농부는 밭고랑을 갈면서 오직 대지만 바라볼 수밖에 없었다. … 우리는 모두 우주비행사가 되었고 완전히 탈영토화déterritorialisé되었다. 과거에 외국인이 외국에서 탈영토화되었던 것처럼, 우리는 모든 인간 전체의 지구에서 탈영토화되었다. 우주 공간으로의 여행은 우리를 대지에서 지구로 옮겨 놓았다.[9]

인간은 지구에서 탈영토화됨으로써, 즉 대지로서의 지구에서 벗어남으로써, 역설적으로 행성으로서의 지구를 소환한다. 이제 지구는 인간에게 거리를 두고 객관적으로 관찰하고 기술할 수 있는 대상이 된다. 즉, 온전한 의미에서의 '객체'가 된다. 그렇다면 떨고 있는, 비로소 주체가 된 지구는 어떻게 되는가? 사실 세르는 '떨고 있는' 지구와 창백하지만 푸르게 빛나는 지구라는 근대 이후의 두 가지 발견에 주목했지만 이 두 발견이 연관을 이룬다는 점을 간과했다. 이에 라투르는 우주비행사를 통해서 '객체화'된 지구가 오히려

9   Michel Serres, *Pantopie, ou le monde de Michel Serres*, Paris: Le Pommier, 2014, pp. 238-234.

갈릴레오의 '돌고 있는' 지구보다 오히려 '떨고 있는', 즉 '주체화된' 지구에 가깝다는 사실에 주목하고, 이를 "역-코페르니쿠스 혁명 contre-révolution copernicienne/counter-Copernican revolution"이라고 부른다.

　　오늘날 신기후 체제는 일종의 역-코페르니쿠스 혁명을 통해 우리의 시선을 다시금 지구, 그리고 즉 발생 · 용해 · 전쟁 · 오염 · 부패 · 죽음 등 지구의 모든 변화와 변신의 과정으로 돌리도록 강제한다. … 여기에 극적인 반전이 있다. 코스모스에서 우주로, 다시 코스모스로의 귀환![10]

　　이 "반전"을 가능케 한 것이 바로 러브록과 마굴리스의 가이아 이론이다. 그런 까닭에 라투르는 역-코페르니쿠스 혁명을 가이아 이론의 창시자 이름을 따서 "러브록 혁명révolution lovelockienne/ Lovelockian revolution"이라 부르기도 한다. 그에 따르면 러브록의 가이아는 갈릴레오의 발견에 버금가는 "가장 위대한 발견"이다.[11] 라투르의 러브록 발견은 세르를 계승하는 동시에 넘어서는 계기이기도 하다. 그렇다면 가이아와 가이아 가설 혹은 이론은 무엇이며,

10　Bruno Latour, *Facing Gaia*, p. 61.
11　"내가 보기에는 이것(가이아)이야말로 이 시대의 가장 위대한 발견입니다. 주류 과학에서 인정되지 않은 것은 우리가 아직 그것을 받아들일 도구를 갖지 못했기 때문일 것입니다. … 아리스토텔레스에서 갈릴레오에 이르는 우주론적 전환은 갈릴레오에서 가이아로의 전환과 같습니다. 갈릴레오와 더불어 우리의 지성은 바깥의 무한 우주로 나아갔습니다. 이를 깨닫기까지 150년이 걸렸습니다. 그전까지는 저항에 직면해야 했습니다. 가이아는 그저 단순한 개념이 아닙니다. 단순히 물리학이나 에너지에 관한 개념이 아닙니다. 그것은 생명입니다." "Bruno Latour: This is a global catastrophe that has come from

무한 우주에서 닫힌 세계 혹은 갇힌 지상으로 　|

이것이 지구에 대해 어떤 새로운 이해를 가져왔으며 어떤 의미에서 코페르니쿠스 혁명을 넘어서는 새로운 "혁명"인지 살펴보자.

가이아와 러브록 혁명

러브록과 마굴리스에 따르면, 지구는 생명과 마찬가지로 자체적으로 조절과 규제 기능을 갖춘 복잡계이다.[12] 러브록은 지구가 지구상의 생명체들이 속한 각 종들의 총합이되 '부분의 합보다 큰 전체'로서의 속성을 지닌 하나의 통일적인 대상을 이룬다고 보았다. 그가 특히 주목한 것은 생명이 지구라는 행성과 상호작용하면서 지구의 환경을 물질대사의 방법으로 규제한다는 점이었다. 생물계는 물론, 암석 · 공기 · 대양까지도 하나의 단위 존재자를 이루며 단일한 과정의 진화를 겪는다. 그런 점에서 지구는 생명과 마찬가지로 하나의 복잡계를 이루는 것이 아니라 끊임없이 상호작용을 주고받는 생명과 더불어 하나의 복잡계를 이룬다. 러브록은 이러한 특성을 담기에 기존의 유사한 개념인 "생물권biosphere"은 부족하다고 보고 소설가 윌리엄 골딩William Golding의 제안에 따라 "가이아"라는 이름을 택한다.

---

within'," *Guardian*, June 6, 2020. https://www.theguardian.com/world/2020/jun/06/bruno-latour-coronavirus-gaia-hypothesis-climate-crisis (검색일: 2022년 5월 3일).

12 제임스 러브록, 《가이아》, 홍욱희 옮김, 갈라파고스, 2003.

주지하다시피 가이아는 그리스신화에 등장하는 대지의 여신이다. 이 이미지를 차용했다는 이유로 가이아 이론은 신화적이거나 신비주의적인, 일종의 "뉴에이지New Age" 이론이라는 비판을 받았다. 그러나 라투르는 가이아 개념을 적극적으로 받아들일 뿐 아니라 더욱 발전시켜 기존의 지구, 나아가 자연 개념에 대한 대안으로 제시한다.[13]

러브록 혁명 : 시리우스에서 다시 지구로

코이레Alexandre Koyré는 《닫힌 세계에서 무한 우주로From the Closed World to the Infinite Universe》(1957)에서 아리스토텔레스 철학으로 대표되는 고대 그리스의 세계관에서 근대과학 세계관으로의 근본적인 변화, 즉 과학혁명을 '닫힌 세계에서 무한 우주로의 이행'이라는 정식으로 압축적으로 표현한 바 있다.[14] 아리스토텔레스의 세계는 지구중심적이고 동심원적이며 지상계(또는 달 아래의 세계)와 천상계(달과 그 외의 천체가 운동하는 천구)로 나뉜 이원론적 체계였다. 지상에서 대부분의 물체가 지구 중심을 향하고 천상의 천체는 가

---

13 라투르의 가이아론은 이론의 창시자인 러브록과 마굴리스뿐만 아니라 동료인 이자벨 스텐게르스Isabelle Stengers의 영향을 받은 결과이기도 하다(Bruno Latour, *Facing Gaia*, p. 5). 스텐게르스는 기후 위기나 경제 위기 같은 이 시대 재난의 복합적이고 불가피한 성격을 두고 "가이아의 침입intrusion de Gaia"이라 규정하는데, 여기에서 가이아는 자애로운 자연의 여신이 아니라 예민하고 상처받은 복수의 화신에 가깝게 표상된다. 스텐게르스가 가이아를 명명한 이후 그것을 대면하는 것이 라투르의 가이아 기획이라 할 수 있다. 스텐게르스의 가이아 논의는 다음을 참조하라 : Isabelle Stengers, *Aux temps des catastrophes*, Paris: La découvterte, 2009.

14 Alexandre Koyré, *Du monde clos à l'univers infini*, Paris: Gallimard, 1962, p. 11.

장 완벽한 도형인 원형에 따라 회전하는 등 각 세계에 속한 사물들이 각자의 본성에 따라 각자 '원래'의 자리를 찾아가는 운동을 하는, 위계와 질서가 잘 잡힌 이 체계를 피타고라스주의자들 이래로 코스모스라 불렀다.

이 코스모스가 파괴된 것은 데카르트René Descartes의 연장 실체 개념을 기반으로 공간이 기하학화되고, 세계 또한 이에 따라 무한하고 동질적이며 등방성을 지니는 등의 기하학적 공간의 속성을 그대로 갖게 되면서부터다. 이로부터 시작된 지상계와 천상계의 통일은 뉴턴의 만유인력의 법칙으로 완수된다. 존재하는 모든 것에 하나의 질서와 조화가 내재해 있다고 보고 이를 통해 하나의 통일적인 이론, 즉 "코스모스cosmos"에 대해 "로고스logos"를 정립하고자 했던 것이 피타고라스 이래 그리스 우주론cosmologie의 기획이었다면, 근대과학 및 철학에서는 한편으로 지구중심주의에서 태양중심주의로의 전환이라는 코페르니쿠스적 혁명과 함께 근본적이고 대대적인 세계관의 변화가 일어났으며, 이는 다시 무한성·등방성·동질성 등 기하학적 공간의 특성이 물리학적 공간, 즉 세계에 그대로 투영됨으로써 코스모스의 파괴와 우주론의 몰락이라는 결과로 이어졌다.

코이레가 이 거대한 전환을 "닫힌 세계에서 무한 우주로"라고 규정했다면, 세르는 여기에 몰우주주의acosmisme라는 이름을 부여한다.[15] 몰우주주의란 헤겔G. W. F. Hegel이 스피노자Baruch de Spinoza의

---

15 Michel Serres, "Le paysage du monde", Le cosmos des philosophes (Philosophie

철학을 범신론 혹은 무신론으로 간주하는 통상적인 견해에 반기를 들면서 쓴 말이다. 헤겔에 따르면 스피노자의 체계는 초월적 존재로서의 신은 물론이요 이 세계를 하나의 통일된 전체로 규정할 만한 단일한 질서나 기원의 부재를 특징으로 갖는다. 이러한 특성은 스피노자 철학에 한정된 것이 아니었다. 지구중심적 코스모스에서 기하학적 공간으로의 전환은 이 시대 철학 및 과학 전반에 걸쳐 두드러지게 나타난 특징이었다.

여기에서 지구가 우주의 중심 자리에서 벗어나 여러 행성 중 하나의 위치로 강등되었다고 생각하기 쉬운데, 꼭 그렇지만은 않았다. 아리스토텔레스 우주관에서 지구는 우주의 중심이었지만 그 외에는 보잘것없었다. 오히려 생성과 소멸과 부패가 일어나는 미천한 공간에 가까웠고 천상에 비해서는 평가절하되었다. 코페르니쿠스 이후 그나마 다른 공간과 동등한 지위를 갖게 되었다고 볼 수 있다. 그런데 세계의 중심으로부터 지구의 해방이 또 다른 새로운 종류의 구속을 낳았다고 라투르는 지적한다. 항성 시리우스처럼 지구 밖 머나먼 한 지점으로부터의 시선, 혹은 "아무 곳에도 없는 시각vue de nulle part/view from nowhere"이 우주적인 나아가 보편적인 관점과 동일시되었고, 지구가 이러한 시선에 속박되기에 이르렀다는 것이다.

지구가 여러 행성 중 하나이며 근본적으로 유사한 물체들로 이루어진 무한한 우주에 담겨 있다는 생각은 근대과학의 탄생으로

Magazine hors-série), 2011, p. 10.

거슬러 올라갈 수 있다. … 우리가 지구의 관점에서 행성을 무한 우주 안에서 낙하하는 물체 중 하나라고 볼 수 있다는 사실로부터 어떤 사상가들은 이 행성 위에서 일어나는 일을 이해하기 위해서는 가상적으로 무한 우주의 관점을 취하는 것이 필연적이라는 결론을 내렸다 … 이러한 우주의 관점으로부터의 시각("근거지 없는 시각")은 새로운 상식이 되었고 이는 다시 "합리적", 나아가 "과학적"이라는 용어와 단단하게 밀착되었다. 이제 낡은 원초적인 지구가 인식되고 측량되고 판단되는 것은 저 거대한 바깥으로부터다. … 인식한다는 것은 바깥으로부터 인식하는 것이다. 모든 것은 시리우스의 관점에서 간주되어야 한다. 여기에서 시리우스란 그 누구도 접근한 적이 없는 상상의 시리우스를 말한다.[16]

시리우스 관점은 지구에서 시리우스를 바라본 뒤 이 위치에 지구적 시점을 투사하고, 다시 이 관점을 지구 자신으로 되돌려 지구를 다른 행성이나 같은 법칙을 따르는 다른 천체들, 심지어 중력의 작용을 받는 물체 일반과 다를 바 없는 하나의 물체로 환원한다. 이 관점이 완전히 틀린 것은 아니다. 다만 이는 지구를 바라보는 수많은 관점 중 극히 일부에 불과할 뿐이다. 그런데도 모든 관점을 단 한 가지로 제한하고, 이로써 지구상에서 일어나는 다른 많은 일들이 간과된 한편 지구 행성에 대해서는 실제와 다른 환영

---

16 Bruno Latour, *Down to Earth*, pp. 67-68. 불어본을 참조하여 영어본에서 수정하여 번역했다.

만을 키우게 되었다는 것이다.[17] 이제 이 코페르니쿠스 혁명을 끝내고 시선을 다시 무한 우주에서 우리의 유한한 행성인 지구로 돌릴 때라는 것, 이것이 세르가 말하던 "운동하는 지구"에서 "감동하는 지구"로의 전환이다. 동시에 러브록이 가이아를 통해 발견하고 설파한 바이기도 하다. 이를 두고 라투르는 말한다.

갈릴레오가 다른 물체와 마찬가지로 자유낙하하는 물체로 간주함으로써 설명하지 않은 지구의 특성들을 350년 후 러브록이 설명하게 된 듯하다. 색깔, 냄새, 표면, 질감, 생성, 노화 그리고 죽음에 이르는 특성들이 그것이다. 마치 우리가 살아가는 이 얇은 층, 요컨대 지구의 운동에 더해 일련의 행태들, 즉 2차적 속성이 다시 중요하게 떠오른 것처럼. 세르가 옳았다. 운동하는 갈릴레오의 지구를 보완하기 위해서는 감동하는 러브록의 지구를 덧붙여야 했다.[18]

라투르와 마주한 가이아

라투르는 러브록의 가이아가 생물학적 개념이 아니라 물리 · 화학적 개념이라는 점에 주목한다.[19] 그것은 하나의 유기체적 개체나

---

17 Bruno Latour, *Down to Earth*, p. 70.

18 Bruno Latour, *Facing Gaïa*, p. 79.

19 라투르의 가이아 논의에 관한 최근의 한글 문헌으로는 다음을 참조하라: 송은주, 〈인류세에 부활한 가이아: 가이아의 이름을 재정의하기〉,《인문콘텐츠》, 62, 2021, 251~270쪽; 김환석, 〈브뤼노 라투르의 가이아 이론과 한국의 사례: 근대화 vs 생태화〉,《과학기술학연구》, 22(1), 2022, 34~62쪽.

혹은 조직이 아니라, 외부와의 상호작용을 통해 비평형 상태에서 평형 상태에 도달하고 또 유지하려는 경향을 보이는 자기-조절 체계다. 그렇다고 열기구나 거대한 온도조절기 같은 물리적 체계로 환원할 수 있는 것은 아니다. 그것은 무기물(예를 들어 이산화탄소)로부터 영양을 가진 유기물을 형성할 수 있는 자가영양체 autotroph로서, 독립적이고 자율적이며 외부와 뚜렷한 경계를 가진다는 점에서 문자 그대로 개별자다. 나아가 유일한 자가영양체이자 개별자이기도 하다. 가이아를 제외하면 적어도 지구상에서는 그 어느 개체나 개체군도 다른 개체 및 개체군 아니면 환경과의 상호작용에서 자유롭지 않다는 점에서 그러하다.

라투르가 특히 주목하는 것은 가이아가 자연에 대한 최초로 진정한 의미에서 세속적인 개념화라는 점이다. 실제로 가이아 이론은 지구나 생명을 인격화 나아가 신격화하는 사상과는 거리가 멀뿐만 아니라, 무엇보다도 대자연 어머니Mother Nautre나 베일을 쓴 이시스와 같은 기존의 자연에 대한 표상과도 다르다. 이러한 표상에서 자연이 인간과 분리되고 인간에 대해 외재적인 것으로 간주되었던 것과 달리, 가이아는 외재적이지 않다. 가이아가 우리를 환경으로서 에워싸고 있는 것은 사실이지만 우리 또한 가이아를 에워싸고 있다. 우리가 가이아를 위협하는 만큼 가이아도 우리를 위협한다.

간과하지 말아야 할 것은 지구 전체가 곧 가이아는 아니라는 점이다. 가이아는 하나의 행성으로서의 지구 행성 전체가 아니라, 생명의 활동 장소가 되면서 그 자신이 생명에 의해 변형되는 지구

시스템을 가리킨다. 이로부터 생명에 대해서도 종전과는 다른, 말하자면 행성적 관점이 제시된다. 생명은 물리·화학적 조건에 따라 지구라는 환경과 영향을 주고받으며 이 환경에 수동적으로 적응하는 것이 아니라, 능동적으로 자신에게 적합하도록 변경하면서 진화한다. 환경에 대한 적응이 아니라 환경과의 상호작용 및 상생이 생명 진화의 메커니즘이 되는 것이다. 그리고 생명과 환경의 진화는 하나의 단일한 역사를 구성한다. 이로부터 라투르는 하나의 구형 천체이자 단일한 천체이자 전체로서의 지구라는 관념에서 탈피하는 중요한 계기를 찾는다.

지구는 단지 하나의 천체가 아니라 우리 삶의 터전이요, 우리 삶의 터전으로서의 지구는 행성 전체가 아니라 다른 생명체나 비활성 물체들이 점유하는 지표면과 대기층으로 한정된다. 지표면과 대기층은 지구 전체를 덮고 있기는 하지만 사실 전체 직경에 비해서는 얇은 막에 지나지 않는다. 이는 지구 시스템 과학에서 임계 영역zone critique/critical zone이라 부르는 부분이기도 하다. 임계 영역은 지구상의 모든 생물과 무생물·생물군·암석·공기·대양 등 과학의 각 분야에서 독립적으로 다루어진 대상들로 구성된 하나의 전체이되, 종전의 전체론 또는 생기론에서 보듯 어떤 하나의 단일하고 통일된 개체나 유기체가 아니라 행위성과 역사성을 지닌 하이브리드 혹은 인간과 비인간 행위자의 연결망이다. 가이아란 바로 이 임계 영역의 또 다른 이름이다.

갈릴레오가 망원경을 통해 지구가 우주의 일부임을 보였다면, 러브록은 전자검출기를 이용해서 화성의 대기와 지질을 탐색한 뒤에 지구가 바로 생명이 있다는 사실 때문에 다른 행성과 다름을 보였다. 그런가 하면 마굴리스는 정반대 방향에서 박테리아로부터 가이아를 탐지한 끝에 대문자 생명이 자신의 고유한 존재 조건을 제어한다는 사실을 보였다. 이로써 우리는 코페르니쿠스-갈릴레오 혁명이 사실 무한 우주로의 확장이 아니라 사실은 지구를 무한 우주 내 일개 행성이라는 위치로 강등하고 그럼으로써 지구가 가진 다른 많은 다양한 속성들, 생명체의 존재나 인간과의 연결 관계를 사상하는 것이었음을 깨닫게 되었다. 지구는 "행성 지구의 화학적인 조건, 나아가 부분적으로는 지질학적 조건까지도 생성하는 과정에 전적으로 참여하는 행위자"인 생명체를 포함한다. 그것은 생명체, 특히 인간의 작용에 역으로 반응하는 민감한 계이며, 그런 까닭에 다른 행성이나 물체, 이를테면 화성 등의 천체와 같은 물리적 법칙과 조건 하에서도 같은 결과를 낳지 않는다. 따라서 시리우스 관점은 지구에 적합하지 않다. 그렇다고 우주론과 천문학을 폐기하거나 지구중심설이나 천동설로 돌아간다거나 지구를 "살아 있는 유기체"로 만드는 생기론vitalisme을 받아들인다는 것은 아니다. 러브록은 생기론자가 아니다. 오히려 그 반대였다. 그는 다만 지구가 생화학적이고 지구과학적인 현상에 능동적으로 참여하고 있음을 "부인하기를 멈추"고, "인과의 사슬에 개입하는 대부분의 행위자들을 제거함으로써 행성을 비-활성화하기를 거부"했을 뿐이다.

지구는 하나의 행성이 아니다: 지구의 새로운 표상

《어디로 착륙할 것인가?》이후 라투르는 본격적으로 세계 정치와 기후변화 그리고 불평등 사이의 관계를 논하면서 특히 기후변화와 과학이 같이 부인된다는 사실에 주목한다. 불평등의 심화, 규제 완화, 그리고 좌절된 꿈 혹은 악몽이라는 세계화의 세 가지 현상이 같이 나타나는 것은 일차적으로는 트럼프Donald Trump처럼 생태적 위기를 부정하거나, 아니면 일론 머스크Elon Musk처럼 지구 탈출과 외계 행성 정복이라는 기만적이고 부당한 해결책을 내놓기에 바쁜 지도자들 탓이 크다는 것이 라투르의 지적이다. 반면 세계화에서 소외된 계층은 근대성의 이상에 불만족을 표시하고, 국가적 혹은 민족적 경계나 지역의 보호로 되돌아가고자 한다. 이들은 마치 다른 행성에 살고 있는 듯하다. 이들 모두와 함께 지구를 살아가는 방법을 고민해야 하고, 이것이야말로 오늘날 정치학의 가장 절실한 과제다. 그런데 어떤 "지구"에서 살 것인가?

세계 또는 "전지구"에서 "지상"으로

한국어에서 "지구"와 "세계"는 엄연히 다른 말이지만 동의어로도 곧잘 쓰인다. '지구地球'에는 '땅(地)'이라는 의미와 구형球形의 천체라는 의미 두 가지가 다 있지만, '땅'과 '구'는 혼동되어 쓰이는 법이 없고 또 천체로서의 지구와도 구분된다. 한편 '세계世界'의 일차적인 의미는 "지구상의 모든 나라, 인류 사회 전체"로 어원상 '世'는 인간적인 것과 세속적인 것을, '界'는 경계를 뜻한다. 흥미롭게도 영어와 불어에서도 비슷한 구분을 찾아볼 수 있다. '지구'의 둥근 형태를 강조할 때는 말 그대로 구 혹은 구체球體라는 뜻의 'globe'를, 하나의 행성으로서의 지구를 가리킬 때는 대문자 'Terre/Earth'를, '세계'에 대해서는 'monde/world'를 쓴다. 라투르는 새로운 지구 개념을 제시하기에 앞서, 이전까지 지구가 이해되어 온 방식을 지시하는 말로 대문자 "Globe", 즉 전지구라는 용어를 쓴다.[20]

전지구화globalisation 또는 세계화mondialisation는 두 가지 상반되면서도 혼동되어 온 현상을 가리킨다. "양의 세계화mondialisation-plus/globalisation-plus"와 "음의 세계화mondialisation-minus/globalisation-minus"가 그것이다. 양의 세계화란 관점의 다양화로, "하나의 지역성으로 제한되지 않고 또 경계선 안에만 머물지 않도록 여러 가지 존재 형식을 받아들이는 것", 즉 되도록 많은 문화와 관점과 공통의 세계에 대한 염려를 공유하는 것을 말한다. 반면 음의 세계화란 '세계'라는 말이 무색하게 단일하고 특정 지역에 한정되어 있는 등 닫힌 전망이다. 음의 세계화에서는 영토와 땅에 대한 애착은 거부되고, 전통은 배격되며, 차이와 지역적 정체성이 지워지고, 세계는 이해되기보다는 이용된 끝에 "근대화"라는 구호의 남용으로 이어진다. 양의 세계화가 다양한 관점을 포괄함으로써 세계시민으로

---

20 Bruno Latour, *Gaia*, p. 122; Bruno Latour, *Down to Earth*, p. 26. "세계구世界球"는 현재로서는 사전에 정식으로 등재되지 않은 채 주로 은어로 쓰이는 단어이지만 상당히 편리한 용어다. "Globe"나 "Global"의 용법과도 맞아 떨어지며 상용어인 "전국구National"나 "지역구Local"와 비교하거나 같이 쓰기에도 편리하다는 장점이 있다. 그러나 혼동을 낳을 우려가 있어 여기에서는 Globe의 번역어로 "전지구"를 쓴다.

서의 정체성을 낳는다면, 음의 세계화는 관점들을 사상하고 조세 피난처로의 도피와 공동의 세계에 대한 회피로 이어진다. 주목할 것은 대문자 "전지구"로서 지구의 표상이 이 두 가지 움직임들이 궁극적으로 향하는 지향점이면서 이 움직임들을 추동하는 원동력으로서의 "끌개attracteur/attractor"로 작용한다는 점이다.

모든 것은 전지구, 대문자 전지구로 향하고 있었다. 그리고 이로부터 과학, 경제, 도덕의 지평이 그려졌다. 이것이 바로 양의 세계화가 지향하는 전지구다. 이것은 공간적인 지표(지도)인 동시에 시간적인 지표(미래를 향해 쏜 시간의 화살)이다. 전지구는 부·자유·인식·안락한 삶의 시작과 동의어였고 그렇기 때문에 여러 세대에 걸쳐 열광적인 지지를 받았다. 그것은 동시에 인간의 보편적 정의와도 어깨를 나란히 하는 것이었다.[21]

전지구화의 반대쪽에는 지역화localisation가 있다. 지역화에도 전지구화와 마찬가지로 양의 지역화와 음의 지역화, 두 가지가 있다. "양의 지역화localisation-plus"는 하나의 정체성, 문화, 전통, 땅에 대한 소속감을 키우는 것을 말한다. 반면 "음의 지역화localisation-minus"는 분리, 분화 또는 탈착, 즉 붙어 있던 것을 떼어 놓는 과정이다. 이는 한편에서는 유럽을 부정하고 다른 한편에서는 이민을 거부하는 등과 같이 하나의 국가와 민족에 갇히는 결과를 낳는다.

....

21　Bruno Latour, *Down to Earth*, p. 26.

이 두 경우에서 끌개로 작용하는 것이 "전지구"의 정반대 축을 형성하는 "지역구Local"이다. 세계화와 과학을 부정하는 트럼프주의는 음의 지역화와 음의 세계화의 집합체로, 이 두 가지를 합성한 혼종으로 "저 세상Hors-Sol/Out-of-the-World"이라는 끌개를 낳았다.

라투르는 전지구화도 세계화도 지역화도 답이 아니라고 말한다. "전지구는 찬란하고 자유를 주고 열광을 낳고 해방을 부르며 영원한 젊음의 인상을 준다. 그러나 그것은 존재하지 않는다. 지역구는 어떤가? 확신과 평화 그리고 정체성을 제공한다. 그러나 그것 역시 존재하지 않는다"는 것이 그의 말이다.[22] "전지구"와 "저 세상"에 대한 대안, 즉 이 두 가지 끌개에 대항하는 새로운 끌개가 필요하다. 근대의 전지구나 전근대 혹은 반근대주의자들의 지역구가 아닌 새로운 끌개로서 라투르가 제안하는 것이 바로 "지상le Terrestre/the Terrestrial"이다.[23]

첫 번째 과제는 이름을 붙이는 일이다. "지구?" 이것은 우주 공간에서 본 행성, 저 유명한 "푸른 행성"을 지칭하는 것으로 읽혀질 것이다. "자연?" 이것은 지나치게 광범위하다. "가이아?" 이것은 적절할 수 있지만 그 이유를 밝히는 데에는 많은 지면이 필요하다.

---

22 Bruno Latour, *Down to Earth*, pp. 91-92.

23 기존의 형용사 'terrestre/terrestrial'를 명사화한 신조어로 《어디에 착륙할 것인가?》에 처음 등장한다(Bruno Latour, *Down to Earth* 40). 맥락에 따라서 지상地上 또는 지상체地上體 등으로 번역할 수 있다. 최근에 출간된 라투르의 국역본에서는 이 단어에 대해 "대지"(《지구와 충돌하지 않고 착륙하는 법》, 박범순 옮김, 이음, 2021, 66쪽), "대지인"(《지구와 충돌하지 않고 착륙하는 법》, 83쪽), "지구생활자"(《나는 어디에 있는가》, 김예령

"대지?" 이것은 모호할 것이다. 물론 우리에게는 "세계"가 있다. 그러나 이는 세계화의 낡은 형식과 너무나도 쉽게 혼동될 것이다.

우리에게는 이 행위자의 놀라운 독창성을 시사할 용어가 필요하다. 이를 대문자 T를 써서 지상이라 부르자. 대문자를 쓰는 것은 하나의 개념을 지칭함을 나타내기 위해서이다. 또한 우리가 지향하는 바를 미리 특정하기 위해서이기도 하다. 지상을 새로운 정치적 행위자로 제시하는 것이 그것이다.[24]

전지구는 갈릴레오의 지구와 다르지 않다. 화성이나 당구공과 다를 바 없이 똑같은 뉴턴 법칙의 지배를 받는 일개 물체에 불과하며, 사회적인 것에 외재적이고 인간의 우려에 무관심하다. 지구를 이렇게 이해하면 자연과 인간의 이분법을 그대로 번역하는 지구와 인간의 이분법적 사유에서 벗어나지 못할 위험이 있다. 우리

옮김, 이음, 2021) 등의 역어가 채택되었는데, 이 역어들 모두 원래의 뜻을 제대로 살리지 못하고 심지어 거스른다는 점에서 적절해 보이지 않는다. "지구생활자"라는 역어에 대해 옮긴이는 이렇게 설명한다: "'지구생활자'의 '자'는 단순히 인간 행위자뿐만 아니라 비-인간 행위자들(동식물, 대기, 땅, 바다 등)까지 전부 아우르는 지칭으로, 즉 '者'가 아니라 '子'라고 이해해도 좋을 것이다. '지상(땅 위)'이라는 한결 익숙한 표현을 쓸 수도 있었으나 때로 라투르가 '지상에서 사는 것'과 '지구(가이아)'와 함께 사는 것'을 대비시키고 있어 제외했다. 또한 '생존' 또는 '존재'라고 옮길 수도 있었을 말을 '생활'(생명의 활동)이라고 옮김으로써 지구 만물을 대하는 생기론적 관점을 좀 더 강조하고자 했다."(《나는 어디에 있는가》, 31쪽, 역자주) 그러나 나는 라투르가 신조어를 만든 대신 기존에 형용사로 쓰였던 단어를 명사화했다는 점, 그리고 지상계와 천상계로 이루어진 아리스토텔레스의 이원론적 체계를 염두에 둔 표현이라는 점 등을 고려하여 "지상" 또는 "지상체"라는 역어를 제안하고자 한다. 또한, 이 글 앞부분에서 언급한 것처럼, 라투르의 입장이 기계론에 대응하여 생명체에 생명 고유의 원리가 있다고 보는 생기론이나 "만물을 대하는 생기론적 관점"과는 거리가 있음을 덧붙여 둔다.

24 Bruno Latour, *Down to Earth*, p. 40.

에게는 인간과 지구의 관계를 새롭게 정립할 새로운 개념이 필요하다. 지상은 전지구와 달리 인간을 비롯한 생명체 전체에 대해 내재적이며 인간의 작용에 대한 감수성이 높다. 지상의 관점에서 볼 때 지구는 갈릴레오의 대상이 아니라 러브록의 대상으로서 행위자 또는 행위성이라는 점에서 다른 천체와는 다른 대상이다. 여기에서 생명은 하나의 과정으로, 행성의 생물학적·화학적 조건을 만드는 과정에 참여한다. 지상은 세계를 포섭하는 전지구도 아니고 한정된 땅이나 대지에 속하는 지역구도 아니다. 따라서 음의 세계화나 음의 지역화와도 거리를 둔다. 전지구적 관점이 먼 바깥에서 안을 바라보는 시점이라면 지상의 관점은 가까운 곳에서부터, 안에서 안을 바라보는 것이다. 그것은 어디까지나 지상에 머물면서 양의 방향의 전지구화나 지역화를 지향하는, 그야말로 지상으로 내려온 정치이다.

고유명사로서의 지구 : 우주보다 더 우주적인?

서두에서 언급한 것처럼 2021년 출판된 《나는 어디에 있는가?》는 《어디에 착륙할 것인가?》의 후속작이면서 같은 해 코로나19와 그로 인한 봉쇄confinement/lockdown에 대한 체험과 사색의 기록이다. 이 책에서 라투르는 코로나19라는 방역 위기가 사실은 신기후 체제의 보다 근본적인 위기의 결과임을 지적한다. 이 기록은 카프카Franz Kafka의 단편 〈변신〉으로 시작한다. 실제로 코로나19로 야기된 봉쇄 상태는 벌레로 변신해서 방 안에 고립된 주인공 그레고리의 신세를 떠올리게 하는데, 이는 우리의 위치를 재설정하고 여러 가지 문제를 재고하는 계기가 된다. 봉쇄는 더 근본적인 봉쇄, 즉 지상에서의 봉쇄를 자각하는 계기를 제공한다. 우리가 무한한 공간 안에 있는 것이 아니라 지구상에, 상하로 일정한 한계를 지닌 영역에 봉쇄된 상태에 있었다는 깨달음. 이를 지상체로서의 자각이라 부를 수 있을 것이다.

우주탐사의 시대에 인간이 지구상에 갇혀 있다니 시대착오적인 말이 아닌가 하는 생각이 들 수 있다. 이는 "우주Univers/Universe"와 "지구"의 대조를 통해 해명될 수 있다. 라투르는 이 책에서 지상계와 천상계라는 아리스토텔레스적 세계 구분summa divisio을 재소환한 뒤, 지구 안쪽 혹은 "이 아래쪽"을 "지구"로, 그리고 지구 밖 혹은 "저 위쪽"을 "우주"로 부를 것을 제안한다. "그리고 이 아래쪽에 거주하는, 혹은 이 아래쪽에 거주할 것을 받아들이는 자들을 가리켜 지상체라 부를 수 있을 것이다." 지금까지 지구는 보통명사, 즉 행성 중 하나로 취급되었다. 그러나 이제 지구를 고유명사로서 접근해야 한다고 라투르는 말한다. 고유명사로서의 지구는 다른 행성과는 달리 "생명Vie/Life", 즉 생명체와 생명체로 인해 시간에 따라 변형된 대기와 바다 등을 포함하는, 정확하게는 "생명의 아주 특별한 배치agencement/assemblage"를 가리킨다. 이때 지구-생명은 가이아와 동의어가 되고, 지상체는 "가이아 혹은 지구 위에" 있다기보다는 "가이아 혹은 지구와 같이" 있는 존재들이 된다.

이와 같은 구도에서 역설적인 것은 우리가 지상에서 일어나며 직접 경험하는 지구보다, 직접적이고 신체적인 경험이 근본적으로 불가능한 우주에서 일어나는 일을 더 잘 인식한다는 사실이다.

라투르는 오늘날 과학자들이 지구 밖의 여러 천체들, 나아가 우주 전체의 경계와 기원에까지 접근했지만, 이것이 어디까지나 지상에서 실험되거나 관측된 데이터와 이미지를 처리해서 만들어진 구성된 지식이라는 점을 강조한다. 그런 점에서 우리가 접근하는 우주는 어디까지나 이미지 혹은 "온라인"상에 머문다. 그 점에서 "가상적"이다. 반면에 지구는 "현장에 있는en présentiel," 달리 말하면 현실성을 갖는다. 지구에는 동질성, 등방성, 무한성, 연속성 등 우주가 지닌 기하학적 속성이 없는 대신에 이질성, 불연속성, 관계성 등 구체적이고 현실적인 속성이 부여된다. 우주가 매끄러운 곡선이라면 지구는 요철이 가득한 해안선에 비유할 수 있다.

봉쇄의 경험은 지구 표면을 차지하고 살아가는 생명의 터전인 지상을 다시금 환기한다. 지금까지 지구가 생명과 더불어 구성하는 실질적인 조건은 우주 또는 보편적인 것universel의 이름으로 사상되거나, 그도 아니면, 전지구의 예처럼 인간 종을 무리하게 통합하는 데 복무하는 환영으로서의 "행성적 체계système planétaire"로 치부되어 왔다. 그리고 이것이 자본주의와 세계화를 가속화해 왔다. 이제 지상 혹은 가이아, 즉 인간에 의해 위협을 받게 된 지구 표면 단 몇 킬로미터 두께의 얇은 층, 전체 지구로 볼 때 극히 일부인 얇은 층에 지나지 않지만 이것이야말로 21세기 정치를 완전히 바꾸고 새로운 질서를 향한 출발점이 되어야 한다. 봉쇄는 이제 더 이상 어느 것도 엄밀하게 지역적, 국가적, 초국가적 또는 세계적이지 않음을, 그리고 원하든 원하지 않든 삶의 양식을 바꾸어야 함을 일깨웠다.

지상을 통한 우주주의의 복권 그리고 "가이아 2.0"을 향하여

라투르는 일찍이 행위자-연결망 이론으로 미생물, 식물, 지구 등 비인간의 행위능력agency/puissance d'agir을 인간의 그것과 동등하게 취급해 왔다. 이러한 입장은 인간의 행위능력을 지구의 형태와 행태 변화에 대해 결정적인 요인으로 작용하는 것으로 보는 인류세 관점과 일맥상통한다. 한편 가이아는 라투르에게서 인간과 비인간, 생명과 지구 사이의 이분법적 구도를 넘어 양자의 공생과 얽힘을 강조함으로써 인간과 자연 사이의 이분법적 구별에 의존하지 않으면서도 인간의 책임을 면제하지 않는 방식을 모색하는 계기를 제공하며, 그럼으로써 인류세에 과학성을 부여하고 이에 더해 실천성, 나아가 수행성을 담보하는 모델로 재조명된다. 실제로 라투르는 티모시 렌턴Timothy Lenton과 공동 저술한 《사이언스》지 논문에서 가이아는 자기조절 능력을 갖추고 있지만 거기에 인간의 스스로에 대한 자각self-awareness이 첨가되면 새로운 국면을 맞을 수 있다고 말한다.[25] 인간은 자신의 행동을 조절할 능력을 갖추고 있다. 과학기술(또는 기술과학)을 통해 지구의 상태를 감시하고 그에 대한 지식을 쌓음으로써 자신이 지구에 미치는 영향을 의식하게 되면 가이아의 행동도 변할 수 있다. 현재의 가이아가 '가이아 1.0'이라면 인간의 자각이 가미된 '가이아 2.0'은 분명 이제까지와는

....

25 티모시 렌턴 · 브뤼노 라투르, 〈가이아 2.0 : 인간은 지구의 자기-규제에 자기-인식을 더할 수 있을까?〉, 우지수 옮김, 《에피》 9, 2019.

다른 모습을 보여 줄 것이다.

달 착륙 후 52년이 지난 현재, 수많은 인공위성이 지구 상공을 돌고 있고, 민간 우주비행이 시작되었으며, 본격적인 우주탐사 나아가 정복도 멀지 않았다고들 한다. 1968년작 〈2001 스페이스 오디세이2001: A Space Odyssey〉가 '공상' 과학영화로 취급되었던 데 반해, 2013년작 〈그래비티Gravity〉는 현존하는 우주선이나 우주정거장을 실감나게 묘사한 '사실주의' 영화가 되었다. 이러한 시대에 다시 지상으로 내려오라는 라투르의 호소는 시대착오적으로 보일 수도 있다. 그러나 그가 주장하는 '지상으로 내려온 철학'은 코페르니쿠스 이전 지구중심주의로의 회귀가 결코 아니다. 우리는 코로나 19로 서로가 서로에게 "닫힌clos", 나아가 "갇힌confiné" 상태를 경험했다. 라투르는 몰우주주의적 관점이 지구에 대해서도 제한되고 왜곡된 관점을 낳았으며 이것이 오늘날의 정치생태학적 위기를 낳았다고 보고, 코페르니쿠스-갈릴레오의 "닫힌 세계"에서 "무한 우주"의 전환에서 다시 지상으로의 전환을 역설하고 또 실천해 왔다. 이를 몰우주주의에 반反하는 우주주의cosmisme라 명명할 수 있을 것이다. 시선을 우주에서 지구로 되돌리고 또 지구에 대한 새로운 관점을 구축함으로써, 역설적으로 몰우주주의를 극복하고 우주주의를 복권하려는 라투르의 시도는 분명 전 지구적인 환경 및 보건 위기를 비롯해서 과학과 정치를 둘러싼 회의와 불신이 난무하는 이 시대의 요청에 대한 하나의 의미 있는 응답이다.

김환석, 〈브뤼노 라투르의 가이아 이론과 한국의 사례: 근대화 vs 생태화〉, 《과학기술학연구》 22(1), 2022.

노르망, 뱅상 외, 《디어 아마존 : 인류세에 관하여》, 현실문화A, 2021.

러브록, 제임스, 《가이아》, 홍욱희 옮김, 갈라파고스, 2003.

렌턴, 티모시 · 라투르, 브뤼노, 〈가이아 2.0 : 인간은 지구의 자기-규체에 자기-인식을 더할 수 있을까?〉, 우지수 옮김, 《에피》 9, 2019.

송은주, 〈인류세에 부활한 가이아: 가이아의 이름을 재정의하기〉, 《인문콘텐츠》 62, 2021.

엘리스, 얼 C., 《인류세》, 김용진 · 박범순 옮김, 교유서가, 2021.

전혜숙, 《인류세의 미술》, 도서출판 선인, 2021.

해밀턴, 클라이브, 《인류세 : 거대한 전환 앞에 선 인간과 지구 시스템》, 정서진 옮김, 이상북스, 2018.

Koyré, Alexsandre, *Du monde clos à l'univers infini*, Paris: Gallimard, 1962.

Latour, Bruno, *Nous n'avons jamais été modernes*, Paris: La Découverte, 1991.

_____, *Politiques de la nature*, Paris: La Découverte, 1999.

_____, *Face à Gaïa*, Paris: La Découverte, 2015; *Facing Gaia*, Catherine Porter (trad.), Cambridge: Polity, 2017.

_____, *Où atterrir?*, Paris: La Découverte, 2017; *Down to Earth*, Catherine Porter (trad.), Cambridge: Polity, 2018.

_____, "Bruno Latour: 'This is a global catastrophe that has come from within'," *Guardian*, June 6, 2020 : https://www.theguardian.com/world/2020/jun/06/bruno-latour-coronavirus-gaia-hypothesis-climate-crisis (검색일 : 2022년 5월 3일)

_____, *Où suis-je?*, Paris: La Découverte, 2021.

Serres, Michel, *Le contrat naturel*, Paris : Flammarion, 1994.

_____, "Le paysage du monde", *Le cosmos des philosophes* (Philosophie

Magazine hors-série), 2011.

_____, *Pantopie, ou le monde de Michel Serres*, Paris: Le Pommier, 2014.

Stengers, Isabelle, *Aux temps des catastrophes*, Paris: La découvterte, 2009.

3부

연결과 단절의 와류

프로이트의 카타르시스 치료와
내러티브 연결 및 스토리텔링 치료

| 이민용 |

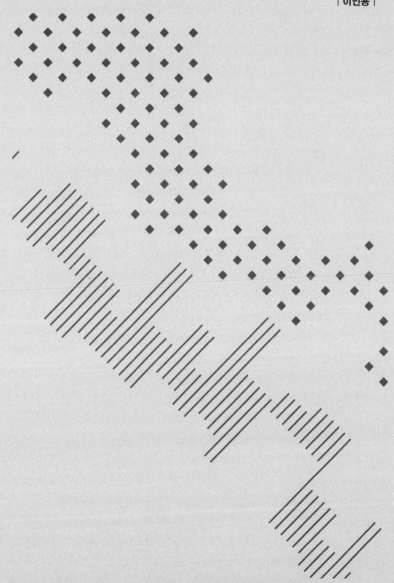

이 글은 인문치료 국제저널인 《Journal of Humaities Therapy》 2020년 12월호에 실린 필자의 글을 수정, 보완한 것이다.

들어가며

초연결시대는 연결의 포인트가 급격히 많아지는 시대이다. 따라서 초연결시대에는 무엇보다도 '연결'의 문제가 핵심이라고 할 수 있다. 그런데 이런 '연결'에는 스토리 혹은 내러티브를 통한 연결도 중요하다. 이런 관점에서 출발하여, 이 글에서는 스토리를 통한 연결과 정신분석, 그리고 스토리텔링 치료의 문제를 다루기로 한다. 이 글에서는 프로이트가 카타르시스 치료 방법catharsis treatment method으로 접근한 '카타리나Katharina 치료 사례'를 스토리 연결 · 분석의 관점에서 연구하고, 이를 스토리텔링 치료와 연관해서 살펴볼 것이다. 프로이트Sigmund Freud는 정신분석의 토대를 놓았다고 평가되는 책《히스테리 연구》를 선배 의사인 브로이어Breuer와 함께 1895년에 출간한다. 이 책의 앞 부분에는 프로이트가 브로이어와 같이 써서 이미 2년 전에 발표했던 〈히스테리 현상의 심리적 기제에 관하여: 예비적 고찰〉이라는 이론적 글이 있고, 이어서 이 이론을 입증하는 치료 사례 보고 5편이 실려 있다. 그리고 책의 마지막에는 이를 다시 이론적으로 정리하는 브로이어의 〈이론적 고찰〉과 프로이트의 글 〈히스테리의 심리치료〉가 덧붙여 있다.

이 책에는 브로이어가 치료한 안나 오Anna O. 양의 사례와 프로이트가 치료한 사례 4편에 대한 보고가 차례로 서술되어 있는데 그중 하나가 카타리나 치료 사례이다. 카타리나 치료 사례는 앞 부분에 배경 설명이 있고, 그 다음부터 대부분 카타리나와 프로이트가 대화체로 이야기를 나누는 장면들이 나오며, 마지막에 본 사례에 대하여 정리하고 설명하는 방식으로 구성되어 있다. 그래서 마지막 부분을 제외하면 마치 한 편의 단편소설을 읽는 듯한 느낌을 준다. 이 사례는 프로이트의 사례 중에서 특이하게 최면이나 자유연상을 사용하지 않고 대화를 통한 이야기 방식으로 이루어져 있다. 그래서 이 사례는 내러티브나 스토리텔링의 관점에서 접근하기에 용이하다.

프로이트는 이 책에서 자신의 초기 치료 방법과 원리를 잘 밝히고 있다. 여기서 그는 자신의 치료법을 '카타르시스 치료법'이라고 부르고 있는데, 그래서 카타리나 치료 사례도 카타르시스 치료의 하나라고 할 수 있다. 카타리나 치료는 최면이나 자유연상을 사용하지 않고 짧은 기간에 상담 방식이나 스토리텔링 치료 방식으로 접근되었다. 이런 점에서 카타르시스 치료를 인문상담, 스토리텔링 치료 측면에서 접근할 수 있다. 본 글에서는 '카타리나' 사례에 주목하여 카타르시스 치료를 내러티브, 스토리의 연결과 분석, 서사학, 스토리텔링 치료의 관점에서 다루고자 한다.

정신분석과 내러티브 그리고 서사학

정신분석을 비롯한 모든 정신치료, 심리 상담에서 내러티브는 중요하다. 상담과 정신치료가 기본적으로 이야기를 통해 이루어지고 있기 때문이다. 이때 이야기는 스토리가 있는 것을 말한다. 스토리가 있다는 것은 말이 횡설수설하지 않고 일관성이 있고 의미가 통하게 연결되어 있음을 뜻한다. 스토리는 인물, 사건, 시간 배경, 공간 배경 등을 구성 요소로 한다. 이런 구성 요소들이 제각각 분리되어 흩어져 있는 것이 아니라 일관성이 있고 의미가 통하도록 연결되어 있는 것이 스토리다. 예컨대 누가 "홍길동이 서기 2871년 미국에서 예수님과 우주선을 타고 지렁이를 잡고 있다"라고 말했다고 하자. 이처럼 인물이 등장하지만 다른 인물과 연결되지 않고 시대적 배경이나 공간적 배경, 사건과도 연결되지 않는 경우 횡설수설한다는 느낌을 주고 무슨 의미인지 모르겠다는 말을 듣게 될 것이다. 어떤 언술이 하나의 이야기가 되려면, 어떤 인물이 구체적인 시공간 배경에서 어떤 사건과 관련되었는지 의미가 통하도록 일관성 있게 말해야 한다. 그래서 내러티브의 구성 요소가 중요하다.

우리가 현실에서 누구와 어떤 일에 대해 말한다는 것은, 바로 이런 스토리 구성 요소를 통해 말하는 것이므로 거의 대부분 스토리 방식으로 말을 한다고 볼 수 있다. 즉, '나'라는 인물이 '상대방'이라는 인물에게 자신이 주인공이 되어서 구체적인 시간과 공간에서 다른 인물과의 관계 속에서 겪거나 행동한 일, 즉 사건을 말하므로 이것을 이야기라고 할 수 있다. 이러한 이야기는 현실에도 있고 문학과 예술의 픽션에도 있다. 이런 점에서 보면 정신분석도 내러티브라고 볼 수 있다. 분석가(인물)가 피분석가(인물)와 구체적인 시간과 장소에서 만나 피분석가의 말을 듣는 것 자체가 내러티브 상황이다. 그리고 피분석가가 자신의 경험을 분석가에게 말하는 것들도 이야기라고 볼 수 있다. 그가 말하는 것들은 대개 자신이라는 인물이 언제, 어디서, 누구와 무슨 사건을 경험했는지를 말하는 것이기 때문이다. 그래서 정신분석 자체가 내러티브 상황에서 내러티브 행위를 하는 것이라고 볼 수 있다.

그런데 정신분석 치료에서 이렇게 내러티브가 소재적으로, 혹은 수단으로서 활용되는 차원을 넘어 내러티브 자체의 속성과 내러티브의 힘이 치료적 기능을 하는 것으로 볼 수도 있다. 내러티브에는 아리스토텔레스의 《시학》에서도 언급되어 익히 알려진 카타르시스 효능이 있다(카타르시스의 치료적 기능에 대해서는 김동우, 유종호, 이민용의 연구를 참조). 정신분석에서는 이런 내러티브의 치료적 기능 또한 활용되고 있다. 브로이어와 프로이트가 말한 카타르시스 치료에서는, 피분석가가 히스테리 트라우마와 관련된 사건을 중심으로 인물과 시공간이 있는 스토리를 감정과 함께 생생하게 이야기하면 히스테리 증상이 사라질 수 있다는 원리에서(Breuer & Freud 1957, 255: 이하 이 책은 프로이트 번역 표준판 'S.E. Vol. II'로 표기함) 이를 확인할 수 있다. 이를 박찬부는 '프로이트의 분석지침 1호'라고 하였다(박찬부 2000: 333).

이렇게 정신분석학에서도 중요한 내러티브를 치료적으로 잘 활용하려면, 내러티브 자체에 대해 제대로 이해할 필요가 있다. 내러티브에 관한 학문인 서사학에서 내러티브에 접근하는 것이 좋은 길 중 하나가 될 것이다. 서사학에서는 내러티브가 크게 스토리와 담화의 2개의 기본 층위로 구성되어 있다고 본다(Chatman, 1978: 9). 스토리는 이야기의 핵심 줄거리로서 이야기 속 사건들의 짜임새 있는 연결이며, 스토리의 주요 구성 요소는 인물과 사건, 모티프, 시간 배경과 공간 배경이다. 한편 내러티브의 또 다른 층위인 담화는 내러티브의 표현 층위로서 스토리를 표현하고 전달하는 층위이다. 그래서 담화의 주요 구성 요소는 화자의 입장과 시점, 관점, 심리적 서술 거리, 어조, 서술 시간과 서술 공간 등이다(김민수 2002: 95-113). 이런 점에서 이야기에는 특히 의미를 구성하고 의미를 전달하는 힘이 있다.

이런 내러티브의 두 가지 측면에서 프로이트의 카타리나 치료 사례에 접근할 수 있다. 프로이트가 휴양차 높은 산에 갔다가 우연히 카타리나를 만나 치료적 대화를 나눈 것은 내러티브 상황에서 내러티브 행위를 한 것이다. 프로이트라는 인물이 카타리나라는 인물을 만나 그때 그곳에서 그녀의 히스테리 유발 사건에 대해 이야기를 나누었기 때문이다. 그런데 프로이트가 카타리나의 히스테리 증상을 치료한 것도 내러티브를 통해서이다. 그는 그녀의 내러티브를 통해 증상을 진단하고, 증상의 원인을 파악하고, 증상을 치료하였다. 그 구체적인 과정과 방법을 하나씩 밝혀 보겠다. 내러티브의 스토리와 담화, 그리고 그것들의 구성 요소를 통해 프로이트의 카타리나 치료 사례와 카타르시스 치료를 살펴보자.

내러티브 스토리에서 본 카타리나 치료 사례

내러티브 진단과 스토리 발굴

여기서는 프로이트가 카타리나를 치료한 행위를 우선 내러티브의 스토리 관점에서 접근하여 연구할 것이다. 프로이트는 산 위에서 우연히 만난 산장 여주인의 딸인 18세 소녀 카타리나가 상담을 요청하자 치료에 앞서 증상을 진단하는데, 이는 다음과 같이 내러티브를 통해서 증상을 확인하는 것으로 시작된다.

"자 증세를 얘기해 봐요."
"숨이 차요. 항상 그런 건 아니고요. 어떤 때는 너무 숨이 차서 숨막혀 죽는 것이 아닌가 싶어져요"(S.E. Vol. II, 125).

이 증상에 대해 프로이트는 다음과 같이 진단한다.

언뜻 듣기에는 신경증적 증상 같지 않았으나 곧, 그녀가 불안 발작 증세 중 하나를 묘사하고 있는지도 모른다는 생각이 들었다. 즉, 불안에서 비롯되는 복합적인 증상들 중에서 숨이 찬 것을 골라서 그 하나만을 지나치게 강조하고 있는 것은 아닌가 하는 생각이 들었던 것이다(S.E. Vol. II, 126).

이런 숨이 막히는 듯한 증상 외에도 프로이트가 내러티브를 통해 더 알아낸 증상은 질식할 것 같은 증상, 머릿속에서 망치질하는 것 같은 느낌, 누가 뒤에서 잡아챌 것 같은 공포, 무서운 얼굴의 환영이 위협하는 듯한 공포심 등이었다. 프로이트는 다른 검사도구를 사용하지 않고 순전히 내러티브를 통해 진단하려 한 것이다. 그러나 정신의 병을 앓고 있는 환자의 특징은 자신의 병의 원인을 자신도 잘 모른다는 것이다. 카타리나도 그런 증상의 원인이 무엇인지 잘 모르고 있다: "발작이 어디서 비롯된 것인지 알겠어요?" "모르겠어요."(S.E. Vol. II, 126).

그래서 치료자가 그 원인을 찾는 작업이 필요하다. 프로이트는 이에 대한 원인을 설명해 줄 수 있는 스토리를 찾기 시작한다. 이 것은 프로이트가 내러티브를 통해 진단한 다음 여기서 출발하여 치료의 방향을 잡아 간 것이라고 볼 수 있다. 프로이트는 카타리나가 2년 전 열여섯 살 때 겪은 사건으로서 그 증상이 처음 시작되었던 시간과 장소, 사건, 인물로 구성되는 스토리(story 1)를 다음과 같이 그녀에게 듣게 된다. 이 이야기의 스토리를 'story 1'이라 하자. 다음의 카타리나의 이야기에 등장하는 숙부는 사실 카타리나의 아버지이다. 프로이트가 이 책《히스테리 연구》를 처음 발간했을 때는 카타리나를 보호하려고 아버지였다는 사실을 숨기고 숙부라고[1] 기술하였다.

"2년 전 어느 날 남자 몇 분이 등산을 한 뒤 와서는 식사를 하겠다고 했습니다. 제 숙모님은 그때 집에 안 계셨고 항상 요리를 담당하는 프란치스카도 어디 갔는지 보이질 않았습니다. 게다가 제 숙부님도 어디 계신지 안 보이는 거였습니다. 저희는 여기저기 찾아다니기 시작했는데, 제 사촌 남동생인 꼬마 알로이스가 그러는 거예요. '아, 프란치스카는 아빠 방에 있을 거야!' 우리는 모두 웃었지요. 그 어떤 나쁜 일도 생각할 수가 없었던 거예요. 그러다가

----

1 프로이트는 이 책이 처음 출간된 1895년 이후 한참 시간이 흐른 1924년에 이 책에 추가된 각주에서 사실은 카타리나의 숙부가 아니고 아버지였다고 밝히고 있다.

숙부님 방으로 갔는데 문이 잠겨 있었지요. 그게 수상쩍었습니다. 그때 알로이스가 '복도에 창문이 하나 있으니까 방 안을 볼 수 있을 거야' 하고 말했죠. 우리는 복도 안으로 들어갔습니다. 그렇지만 알로이스는 무서워서 창으로 못 간다고 말했습니다. 그래서 제가 말했지요. '너 참 우스운 애구나. 내가 가지. 난 하나도 무섭지 않으니까.' 그때는 제 마음에 걸리는 것이 하나도 없었답니다. 방안을 들여다보았습니다. 방은 좀 어두웠지만 제 숙부님과 프란치스카가 보였습니다. 숙부님이 프란치스카 위에 있었습니다."

"그러고는요?"

"그 즉시 창에서 떨어져서 벽에 기댔습니다. 숨을 쉴 수가 없었어요. 그 이후로 일어나는 발작 그대로였습니다. 아무것도 느껴지지 않았고 제 눈을 꼭 감은 채 눈을 뜰 수가 없었습니다. 머릿속이 쾅쾅거렸고 윙 하니 울리더군요"(S.E. Vol. II, 127f).

그러나 이 스토리는 그녀의 증상이 시작된 원인을 충분히 설명해 주지 못한다. 이 스토리에서 목격된 사건이 그녀에게 당시 그렇게 힘든 증상을 유발할 정도로, 그리고 현재 그녀가 고통받고 있는 증상의 원인이 되기에는 객관적으로 그렇게 심각한 것이 아닌 듯 보였기 때문이다. 자신에게 직접 닥친 사건도 아니고 다른 두 사람, 아버지와 사촌언니 카타리나가 낮에 옷을 입은 상태에서 침대에 같이 누워 있고 아버지가 언니의 몸 위에 있는 장면을 본 것에 불과했기 때문이다. "너무 어두워서 잘 보이질 않았어요. 둘 다 옷을 입고 있었다는 것 외엔"(S.E. Vol. II, 129).

어두운 방안에 있는 그 장면을 목격한 사실에서 그 당시 그녀가 느꼈던 숨을 쉬기도 힘들고 머릿속이 하얘지고 쿵쿵거리고 윙윙거리는 그 당시의 증상이나 현재 카타리나의 증상을 설명해 주기에는 충분치 않은 스토리였던 것이다. 다시 말해 증상의 원인을 밝혀 주는 스토리가 되기에는 아직 틈새가 많고 연결도 잘 되지 않는 이야기였다. 이것은 카타리나의 발언에서도 확인된다.

"그렇다면 숙부님과 프란치스카가 함께 있는 것을 목격했을 때 왜 그렇게 겁을 집어먹은 거지요? 무엇을 목격하신 건지 알겠던가요? 무슨 일이 벌어지고 있는 것인지 아셨던 겁니까?"

"아, 아니에요. 그 당시에는 뭐가 뭔지 전혀 몰랐습니다. 겨우 열여섯 살이었는 걸요. 제가 도대체 무얼 그리 두려워한 건지 모르겠어요."(S.E. Vol. II, 128).

그래서 프로이트는 또 다른 스토리를 찾아내려고 그녀에게 다음과 같이 지시한다. "나도 도무지 영문을 몰랐지만 내가 그 사례를 이해하는 데 필요한 정보를 그녀가 정확히 생각해 낼 수 있으리라고 믿고 그녀에게 이야기를 계속하라고 했다"(129). 프로이트는 이미 얘기한 스토리로는 충분한 설명이 안 되는 틈새가 있음을 확인하고 새로운 스토리를 발굴하려고 한 것이다.

스토리의 연결

그래서 그녀는 열서너 살 때의 이야기를 추가로 생각해 내서 들려

준다. 그녀는 두 종류의 이야기를 들려준다. 한 종류의 이야기는 아버지가 자신에게 직접 성적인 행동을 시도한 이야기들(story 2) 이고, 다른 이야기는 아버지와 프란치스카 두 사람 관계와 관련해서 경험한 이야기 2개(story 3)이다. 첫째 추가 이야기들 중에서는 열네살 때의 다음 이야기(story 2-1)가 제일 중요하다. 그때 카타리나는 아버지 등과 함께 계곡에 놀러 갔다가 어느 여관에서 숙박하게 되었는데, 술집에서 술을 마시고 카드놀이를 하다가 들어온 아버지가 먼저 잠든 카타리나를 성폭행하려 한다.

그는 [숙부님은] 술집에서 술을 마시며 카드놀이를 하고 있었다. 카타리나는 졸음이 와서 2층에 같이 묵기로 한 방의 침대에 일찌감치 몸을 뉘었다. 숙부가 올라왔을 때 그녀는 잠이 어렴풋이 깨었으나 곧 잠이 들었다. 그러다가 갑자기 그녀의 침대에 '그의 몸이 올라온 것을 느끼고' 잠이 깨었다. 그녀는 벌떡 일어나 항의했다. '뭐 하시는 거예요, 숙부? 왜 제 침대에 오셨어요?' 그는 카타리나를 달랬다. '가만 있어 봐. 이 순진한 소녀야. 조용히 해. 이게 얼마나 좋은지 네가 몰라서 그러는 거야.' '저는 그 좋은 것 따위 싫어요. 편안하게 잠 좀 자게 내버려 두지 않고.' 그녀는 여차하면 바깥 복도로 도망칠 생각에 방문 옆에 서 있었다. 결국 숙부는 포기하고 그냥 갔다. 그런 뒤 그녀도 자신의 침대로 가서 아침이 될 때까지 잤다(S.E. Vol. II, 129f).

이 장면은 단편소설의 한 장면과도 비슷하다. 특히 밑줄 친 부분은 소설 속 한 장면의 대화 같은 인상을 준다. 카타리나는 이와 비슷한 이야기들을(story 2-2) 또 들려주었는데 프로이트는 이것을 대화체 직접화법이 아닌 간접 전달 방식으로 전한다.

그녀는 계속해서 그 사건이 생긴 뒤 얼마 후에 경험한 다른 일들을 말해 주었다. 어느 여관에서 만취한 숙부에 대항해서 그녀가 또다시 자신을 방어했어야만 했다는 식의 이야기들이었다(130).

경험을 말하는 것은 스토리 방식으로 말하는 것이다. 경험이 곧 스토리인 것이다. 경험을 말한다는 것은 스토리 방식으로, 즉 어떤 인물이 어떤 시간 배경과 공간 배경 속에서 어떤 사건을 겪은 것을 말하는 것이기 때문이다. 카타리나는 이렇게 아버지에게 성폭행이나 성추행을 직접 당할 뻔한 이야기뿐만 아니라, 아버지가 카타리나에게서 거절당하고 프란치스카에게 성적으로 접근하는 것을 경험한 이야기도 들려준다. 이것이 두 번째 추가 이야기들(story 3)이다. 그중 한 이야기(story 3-1)는 밤에 건초 창고에서 자신과 프란치스카 사이에서 자던 아버지가 프란치스카에게 접근하는 것을 본 이야기이다.

언젠가 식구들 모두 건초 창고에서 밤을 보낸 적이 있었는데 모두들 그냥 옷을 입은 채로 아무 데나 누워 잠을 잤다. 카타리나가 무슨 소리를 듣고 눈을 떠 보니 자신과 프란치스카의 중간에 끼여 잠을 자고 있던 숙부가 프란치스카가 누워 있는 쪽으로 다가가고 있었다(130).

또 다른 이야기(story 3-2)는 밤에 아버지가 프란치스카의 방문을 열고 들어가려는 장면을 목격한 이야기이다.

　또 어느 날은 N여관에 묵었을 때의 일인데 카타리나와 숙부가 한 방에서, 그리고 프란치스카는 연결되어 있는 옆방에서 잠을 잤다. 카타리나가 한밤중에 갑자기 눈을 떴는데, 키가 큰 흰 그림자가 옆방으로 통하는 문의 손잡이를 잡아 내리려고 하는 것이 보였다. '아니, 숙부, 숙부세요? 문에서 뭘 하고 계시는 거예요?' '가만히 있어. 그냥 뭘 좀 찾던 참이야.' '밖으로 나가시려면 저쪽 문으로 나가셔야 하는데요.' '내가 잘못 알았구나' 등의 말을 주고받았다고 한다"(130f).

그런데 당시에 뭔가 이상하다고 생각했냐는 프로이트의 질문에 그녀는 다음과 같이 말한다. "아니오. 그때는 아무 생각도 못했어요. 뭔가 이상하다는 느낌이 들었지만 달리 어떤 생각을 더 하진 못했어요"(131).

그러나 그녀가 앞의 이야기들, 즉 열여섯 살 때의 경험 이야기, 즉 증상이 처음 생겼던 프란치스카와 아버지의 성행위 예비 단계를 목격한 이야기 외에 추가로 열네 살 때의 경험 이야기, 즉 아버지가 자신을 성폭행 혹은 성추행하려 했던 이야기들과 열서너 살 때의 경험 이야기, 즉 아버지가 프란치스카에게 성적으로 접근하려는 것을 목격한 이야기들을 모두 이야기한 다음, 카타리나는 이제 모든 것을 이해하게 되었다는 표정을 드러낸다.

이 두 가지 종류의 사건들에 대한 이야기를 마치자 그녀는 입을 다물어 버렸다. 마치 다른 사람으로 변한 것 같았다. 침울하고 불행해 보였던 얼굴에는 생기가 돌았고 두 눈에는 광채가 돌았다. 표정도 밝아졌고 기운이 있어 보였다(131).

프로이트도 카타리나 사례를 명확하게 이해하게 되어 다음과 같이 말한다. "그녀와 대화를 나누는 동안에 나는 이 사례를 이해하게 되었다"(131).

이로써 18세 카타리나의 현재 히스테리 증상을 설명하는 이야기와 그녀의 증상이 처음 생겼던 16세 때의 증상 이야기, 그리고 그때 그가 목격한 이야기 사이에 있었던 스토리 연결의 틈새가 연결되었다. 증상이 처음 나타난 16세 때 카타리나의 경험 이야기는, 그 이야기를 처음 듣는 프로이트에게는 18세인 현재 카타리나의 히스테리 증상이나 당시 그녀가 처음 느꼈던 증상을 설명해 주기에 충분치 않았다. 그래서 그 틈새를 메워 줄 다른 이야기가 필요했는데, 그녀가 그 이야기들을 기억해 내서 들려준 것이다.

한편 카타리나는 그 기억들이 모두 자신에게 있었다. 그래서 16세 때의 사건을 경험할 때 이미 그전에 경험하여 기억되어 있던 것들이 무의식에 있다가 그 속에서 연결됐던 것이다. 아버지와 프란치스카의 성행위 직전 단계의 장면을 목격하고 자신이 아버지에게 성폭행당할 뻔한 14세 때의 기억을 무의식 속에서 연결시켜 생각하게 된 것이다. 이것은 스토리의 잘못된 연결falsche Knüpfung로 볼 수도 있다. 무의식 속에 내가 성폭행당하기 직전이라 생각한 착각과, 특히 14세 때 아버지의 성기에서 느낀 혐오감이 잘못 연결된 것이라고 할 수 있다. 그녀는 이러한 상황의 연장에서 3일 후에 혐오감을 느낀다. 3일 동안 연결된 것을 반추하고 방어가 작동하여 혐오감으로 나타난 것이다. 특히 아버지의 성기를 접촉한 느낌에 대한 혐오감이 컸다.

그 당시 그녀는, 기억에는 남아 있지만 이해하지 못하고 있던 이 두 가지 경험에 대한 결론을 끌어내지 못하고 있던 상태였다. 그런데 마침 성행위를 하고 있는 남녀를 목격함으로써 그녀는 새로이 경험한 인상과 앞의 두 가지 기억을 비로소 연결할 수 있게 된 것이다. 그럼으로써 그 의미를 이해하기 시작했고 동시에 방어가 나타나기 시작했다[131].

기억하고 있었지만 이해하지 못하고 있었던 열서너 살 때의 기억들이 16세 때 아버지와 사촌언니의 성행위 장면을 보는 순간 다 이해되었다. 그래서 받아들이기 싫은 기억들로부터 자신을 보호하려고 첫 히스테리 증상과 3일 후의 혐오감이 생겼던 것이다.

스토리의 구성 요소에서 본 내러티브 연결과 프로이트의 카타리나 치료

그러면 카타리나의 16세 때 이야기(story 1)에 열서너 살 때의 이야기들(story 2-1, story 2-2, story 3-1, story 3-2)이 연결되어 스토리의 틈새를 메울 수 있었던 이유는 무엇인가? 이 스토리들이 연결될 수 있었던 것은, 비슷한 스토리의 구성 요소들이 연결의 고리가 됐기 때문이다. 스토리의 구성 요소는 인물, 사건, 모티프, 시간적 배경, 공간적 배경 등이다. 이렇게 보았을 때 카타리나의 16세 때 이야기(story 1)의 구성 요소 중에서 주요 인물은 아버지 · 사촌 언니 프란치스카 · 카타리나이고, 공간적 배경은 집 안 · 어두운 방 안 · 침대이며, 시간적 배경은 16세 때의 낮이다. 주요 사건은 프란치스카를 상대로 한 아버지의 성행위 시도이며, 주요 모티프는 성적 리비도libido(성적 욕동)라고 할 수 있다. 한편 14세 때의 이야기(story 2-1)에서는 인물이 아버지와 카타리나이며, 공간적 배경은 침대와 방 안이고, 시간적 배경은 밤이다. 주요 사건은 카타리나에 대한 아버지의 성폭행 시도이며 주요 모티프는 성적 리비도이다. 프로이트는 이 책 뒤에 실린 이론 부분에서, 발산해야 하는 흥분을 증가시키는 요인으로 본능, 특히 성적 본능의 중요성을 강조한다(S.E. Vol. II, 424f).

이처럼 'story 1'과 'story 2-1'은 인물, 사건, 공간 배경이 아주 비슷하다. 사건은 성행위와 성폭행으로 서로 비슷하고, 사건의 모티프도 성적 리비도로서 같다. 공간 배경도 어두운 방 안 침대라는 점에서 거의 동일하다. 인물도 비슷하다. 아버지가 공통적인 인물이고 'story 2'의 당사자였던 카타리나가 'story 1'에서는 목격자로 등장한다. 그리고 'story 1'에서 프란치스카는 카타리나가 자신과 동일시할 수 있는 인물이다. 내러티브에는 동일시를 유발하는 힘이 있는데, 현실의 내러티브에서도 마찬가지이다. 곧 story 2에서 아버지의 성행위 목표였던 카타리나가, story 1에서는 목격 자로서 아버지의 성행위 대상인 프란치스카와 동일시했다고 볼 수 있다.

수사학에는 네 가지 방식, 즉 논증·설명·묘사·내러티브 방식이 있다(Beers & Nagy 2010: 183-202). 이런 기준으로 보았을 때 'story 2-2'는 엄밀한 의미에서는 충분한 내러티브 방식이 아니다. 내러티브 방식과 설명 방식의 중간 형태로 되어 있어서, 인물과 사건이 간단하게 설명되어 있고 구체적인 시간 배경이나 공간 배경도 약화된 형태로 설명되어 있다. 그렇지만 'story 2-2'도 인물과 사건 면에서는 'story 1'과 비슷하다. 인물은 아버지와 카타리나로 동일하고, 사건도 성행위와 성폭행(혹은 성추행)으로 비슷하며, 모티프 역시 성적 리비도라는 면에서 비슷하다.

'story 3-1'과 'story 3-2'도 'story 1'과 비슷해서 잘 연결되고 영향을 줄 수 있었다. 'story 3-1'과 'story 3-2' 모두 인물은 아버지와 카타리나 및 프란치스카로 'story 1'과 같다. 또한 모두 카타리나가 목격자이며, 사건도 카타리나에 대한 아버지의 성적 접근이라는 면에서 비슷하고, 모티프도 성적 리비도로서 같다. 시간적 배경은 낮과 밤이라는 차이가 있지만, 공간적인 배경은 어두운 방, 건초 창고라는 면에서 비슷하다.

결론적으로 위의 스토리들이 서로 연결될 수 있었던 것은 구성요소들이 서로 비슷했기 때문이다. 그래서 과거의 'story2'와 'story 3'이 무의식에서 'story 1'과 순식간에 연결될 수 있었을 것

이다: "마침 성행위를 하고 있는 남녀를 목격함으로써 그녀는 새로이 경험한 인상과 앞의 두 가지 기억을 비로소 연결할 수 있게 된 것이다"(131).

특히 'story 2-1'이 무의식 속에서 'story 1'에 순식간에 연결되어 커다란 충격을 주었다고 할 수 있다. 16세 때 아버지가 어두운 방 안 침대에서 프란치스카의 몸 위에 누워 어떤 행위를 하려는 장면을 목격하는 순간, 무의식에 있던 14세 때의 'story 2'가 순식간에 오버랩되어 큰 충격을 받았고, 그래서 숨을 쉴 수 없고 가슴이 답답하고 머릿속이 쾅쾅거리고 윙 울리는 고통을 느꼈던 것이다. 16세 때 목격한 그 상황만으로는 설명이 잘 안 되던 이런 증상은, 14세 때 아버지에게 자신이 성폭행당할 뻔했던 이야기의 기억과 연결해서 생각하면 쉽게 이해될 수 있다. 특히 14세 때의 그 장면에서 느꼈던 아버지의 성기의 느낌도 회상하게 되면서 그녀는 'story 1'을 경험한 3일 후에 혐오감을 느끼기 시작한다.

특히 행동의 모티프가 성적 리비도라는 면에서 카타리나에게 강력한 영향을 미쳤다고 볼 수 있다. 이처럼 스토리가 연결되어 영향을 미치는 데에는 스토리 구성 요소들이 연결 고리를 하며, 그런 까닭에 스토리 상호 간에 구성 요소가 비슷할수록 연결이 쉽고 영향을 주기 쉽다는 것을 알 수 있다. 그래서 스토리들을 연결하려고 할 때는 구성 요소가 비슷한 스토리들을 발굴하려는 노력이 필요하고, 그 비슷한 구성 요소들을 생각해 내는 작업이 자유 연상이라고 할 수 있다.

내러티브 담화에서 본 프로이트의 카타리나 치료 사례

그런데 이러한 스토리 연결이 카타리나에게 큰 충격을 준 이유는, 내러티브의 담화 차원의 구성 요소들이 작용했기 때문이기도 하다. 앞에서 내러티브에서는 스토리 층위뿐만 아니라 담화 층위도 중요하다고 밝혔다. 담화 층위는 스토리가 표현된, 혹은 스토리를 표현하는 층위이고 스토리가 추출될 수 있는 표현된 층위이다. 담화의 구성 요소는 플롯(서술 구성), 서술(담화) 인칭, 서술(담화) 입장, 서술(담화) 시점, 서술 관점, 심리적 서술 거리, 서술 어조, 서술 시간 및 서술 공간 등이다. 이 중 특히 카타리나 이야기에서 중요한 것은 내향적 담화(서술) 관점의 변화이다. 외향적 담화가 내면의 스토리를 외면으로 표현하는 것이라면, 내향적 담화는 외부에 표현되어 있는 것에서 스토리를 추출하여 내부로 받아들이는 것이다. 카타리나는 현실의 내러티브를 해석해서 추출한 스토리를 내면으로 받아들이는 관점이 나이가 들면서 성숙해졌는데, 특히 성적 행위를 이해하는 관점, 즉 성적 감수성이 성숙해졌다.

열네 살 때 현실의 내러티브 상황에서 카타리나는 아직 어려서 자신에 대한 아버지의 성적 돌진 행위를 자신에 대한 성폭행 시도 행위로 파악하지 못하고 있었다. 그녀는 아버지가 '너는 그 좋은 것을 몰라. 내가 가르쳐 줄게' 하면서 성폭행을 시도하려고 하는데도 그 뜻을 모르고 '저는 당신이 좋다고 하는 것을 몰라요'라고 말한다. 단지 잠을 방해하는 아버지가 본능적으로 싫다고 표현할 뿐이다.

그녀가 자신을 보호했다는 것을 보고하는 모양새로 미루어 볼 때, 그녀는 숙부의 행동이 성적인 것이었다는 것을 깨닫지 못하고 있는 것 같았다. 그래서 숙부가 그때 시도하려던 것이 어떠한 일이었는지 알겠느냐고 물었더니 다음과 같이 대답했다.

"그때는 몰랐지요."

훨씬 뒤에야 모든 것이 분명해졌다고 말했다. 잠을 방해받는 것이 싫었고 '별로 좋지 않아서' 저항했을 뿐이라고 했다(S.E. Vol. II, 130).

그러다가 16세 때 아버지와 사촌언니의 성행위 예비 단계 장면을 본 뒤, 14세 때의 그 스토리를 떠올리고 그때의 사건을 재해석하게 된 것이다. '아! 그때 아버지가 나에게 하려고 했던 행위가 바로 이런 것이었구나! 성행위였구나!'라고 깨닫게 된 것이다.

그녀는 두 사람(아버지와 사촌언니 프란치스카)이 함께 있는 장면을 보고 혐오를 느꼈던 것이 아니라, 그 광경이 그녀의 마음을 휘저으며 떠올린 기억이 혐오스러웠던 것이다(131).

14세 때는 혐오감을 느끼지 못했던 그녀가 16세 때 혐오감을 느낀 것은, 그 사이에 그녀가 세상을 이해하는 관점이 바뀌었기 때문이다. 프로이트는 이것을 사후작용Nachträglichkeit이라고 했다(박찬부 2007: 190-192: Freud, S.E. Vol. 1, 356).

그 사이에 세상을 보고 해석하는 카타리나의 관점이 성숙해진 것이다. 그래서 14세 때는 16세 사건 이후에 생긴 호흡곤란과 비슷한 증상이 없었던 것이다.

이후에 생긴 호흡곤란과 비슷한 증상 같은 것을 그때는 느끼지 않았는지 물어보자, 그녀는 단호하게 대답했다. 그때는 늘 눈과 가슴에 압박을 느꼈지만 먼저 말한 그 첫 번째 사건을 발견했을 때 느낀 증상과 비교해 보면 아무것도 아니었다고 했다(130).

카타리나 치료 사례와 카타르시스 치료, 그리고 스토리텔링 치료

브로이어와 프로이트는《히스테리 연구》에 실린 치료 사례들을 카타르시스 방법으로 치료하였다고 하면서 그 방법의 핵심을 다음과 같이 말한다.

'우리가 개별적인 히스테리 증상을 일으킨 사건에 대한 기억을 뚜렷하게 상기시켜 그에 얽혀 있는 감정들을 다시 불러일으킨다면, 그리고 환자가 가능한 한 상세하게 사건을 묘사하고 감정을 말로 표현한다면, 그 증상은 즉각적으로 그리고 영원히 사라진다'는 것이다(S.E. Vol. II, 255).

그것(우리의 치료법)은 질식되어 있던 감정이 언어를 통해 표출되도록 함으로써 처음에 그 사건이 일어났을 때 소산되지 않은 관넘의 작용력을 제거해 주는 것이다. 그리고 그 관념을 정상 의식 상태(가벼운 최면)로 끌어들이거나 치료자의 암시를 통해 관념을 제거함으로써(건망증을 수반한 몽유 상태라고 해도) 그것을 연상에 의해 수정하게 하는 것이다(S.E. Vol. II. 255).

브로이어와 프로이트가 1893년에 쓴 예비적 보고서에서 밝힌 내용을《히스테리 연구》책(1895)의 후반 이론 부분에서 다시 언급 하였는데, 이것은 이 책의 핵심적인 부분이다. 프로이트의 카타리 나 치료도 카타르시스 치료로 볼 수 있다. 이를 확인할 수 있는 지 점은 다음과 같다. 카타리나가 그 사건을 목격하고 3일 후부터 느 꼈던 메스꺼움은 숙모에게 그 사건을 털어놓고 카타르시스를 경 험한 결과 사라진다. 또한 그녀는 프로이트에게 과거의 관련 기억 들을 다 이야기한 후에 스스로 깨달음을 얻는다. 앞에서 살펴보았 듯 프로이트는 그 사실을 읽어 낸다.

결국 브로이어와 프로이트의 카타르시스 치료는 내러티브의 고유한 기능이자 효과인 카타르시스 효과에 힘입은 것이다. 그리 고 이러한 카타르시스 효과는 내러티브 연결에 힘입은 것이고, 이 는 내러티브 구성 요소들, 즉 스토리 구성 요소들의 긴밀한 연결 에 의한 이해와 카타르시스, 그리고 담화 구성요소들의 변화에 따 른 성찰과 이해의 심화에 힘입은 바가 크다. 이것을 분석가의 입 장에서 보면 내러티브로 진단 → 스토리 발굴 1 → 스토리 분석 1 → 스토리 틈새 발견 1 → 스토리 발굴 2 → 스토리 보완 → 스토 리 분석 2 → 스토리 틈새 발견 2 → 스토리 발굴 3 → 스토리 보완 2 → 스토리 분석 3 → 스토리 틈새 연결 → 스토리 분석 4 등의 과정으로 진행된다고 볼 수 있다. 한편 피분석가의 입장에서는 내러티브로 진단받고 분석가의 인도로 스토리를 발굴해서 표현하고(1) 그 스토리를 분석받는다(1) 그리고 스토리 틈새 발견을 인정하고(1) 이어서 또 스토리 발굴해서 표현(2) → 스토리 보완 → 스토리 분석 2 → 스토리 틈새 발견 2 → 스토리 발굴하여 표현 3 → 스토리 보완 2 → 스토리 분석 3 → 스토리 틈새 연결 → 스토리 분석 4 등의 과정으로 진행된다고 할 수 있다. 이러한 과정을 통한 소산과 사고 재구성을 통해 카타르시스 치료가 완성된다.

마무리하며

프로이트는 카타르시스 치료를 처음에는 '에미 폰 N. 부인' 사례에서처럼 최면 방법을 통해 하다가 곧 '엘리자베스 폰 R. 양' 사례부터는 자유연상 방법으로 시행하였다. 반면 본 사례는 프로이트가 휴양을 갔다가 고지대 산장에서 18세 소녀 카타리나를 우연히 만나 요청을 받고 치료에 나서게 된 까닭에 최면이나 자유연상법 없이 이야기 대화를 통해서 실시한 경우이다. 그래서 최면이나 자유연상 없이 스토리텔링 치료에 더 가까운 방식으로 이루어졌다고 볼 수 있다. 프로이트는 서사학이나 스토리텔링 치료에 대해 전혀 모르고 있었겠지만, 프로이트의 카타르시스 치료법을 서사학과 스토리텔링 치료의 관점에서 이해할 수 있다. 본 연구를 통해 스토리텔링 치료의 근거를 프로이트의 카타르시스 치료법에서도 확인할 수 있었다. 다른 면에서 생각하면, 스토리텔링 치료도 최면이나 자유연상법과 연계되면 내면의 스토리를 발굴하여 마음의 문제를 찾아내고 해결하는 데에 더 효과적일 수 있다고 볼 수 있다.

본 연구에서는 내러티브를 정신분석학적으로 활용하는 방법을 모색하고, 그로부터 의미 있는 결과를 도출하고자 하였다. 이 과정에서 서사학의 관점이 내러티브를 좀 더 깊이 있게 이해하는 데 도움이 되며, 이런 방식으로 정신분석에 접근할 수도 있음을 살펴보았다. 본 연구를 통해 치료적 내러티브의 관점에서 프로이트의 카타리나 사례를 해석하고 스토리텔링 치료의 이론적 근거를 확인하였으며, 정신분석을 통한 스토리텔링 치료의 근거를 규명하였다. 이를 통해 내러티브와 정신분석에 기반한 스토리텔링 치료와 인문치료에 대한 발전의 계기를 마련하고자 하였다. 그리고 연결이 핵심인 초연결시대를 앞두고 내러티브 연결과 내러티브 구성 요소의 연결에 대해 그 의미를 생각해 볼 수 있었다.

참고문헌

김동우, 〈시적 카타르시스의 이중적 개념과 문학치료〉, 《문학치료연구》 vol.
    21, 한국문학치료학회, 2011, 65~91쪽.

김민수, 《이야기. 가장 인간적인 소통형식: 소설의 이해》, 거름출판사, 2002.

박찬부, 《기호, 주체, 욕망》, 창비, 2007.

브루너, 제롬 S., 《이야기 만들기》, 강현석 · 김경수 옮김, 교육과학사, 2010.

유종호, 《문학이란 무엇인가》, 민음사, 1989.

이민용, 《이야기 치료》, 학지사, 2017.

이민용, 〈내러티브를 통해 본 정신분석학과 내러티브 치료〉, 《문학치료연구》
    제25집, 2012, 103~130쪽.

이민용, 〈불안공포 신경증과 이야기치료의 정신분석학적 근거〉, 《뷔히너와
    현대문학》 제38집, 2012, 153~175쪽.

Gutzen, Dieter · Oellers, Norbert · Petersen, Jürgen H. 《독일문예학 입문
    Einführung in die neuere deutsche Literaturwissenschaft》, 한기상 · 권
    오현 옮김, 탐구당, 1988.

Beers, S. F., & Nagy, W. F. "Writing development in four genres from
    grades three to seven: Syntactic complexity and genre differentiation."
    Reading and Writing, 24(2), 2010, pp. 183-202.

Breuer, Josef & Freud, Sigmund. *Studies on Hysteria*, The Standard Edition of
    The Complete Psychological Works of Sigmund Freud, Translated from the
    German under the General Editionship of James Strachey, In Collaboration
    with Anna Freud, Volume II(1893-1895), London: The Hogarth Press and
    The Institute of Psycho-Analysis, 1957. (S.E. Vol. II)

Chatman, Seymour. *Story and Discourse. Narrative Structure in Fiction and
    Film*. Ithaca: Cornell University Press, 1978.

Freud, Sigmund. "Beyond the Pleasure Principle", in: *Beyond the Pleasure
    Principle, Group Psychology and Other Works*. The Standard Edition of

The Complete Psychological Works of Sigmund Freud, Translated from the German under the General Editionship of James Strachey, In Collaboration with Anna Freud, Volume XVIII(1920-1922), London: The Hogarth Press and The Institute of Psycho-Analysis 1955.

Freud, Sigmund. "Fragment of an Analysis of a Case of Hysteria(1905 [1901])" in: *Case of Hysteria. Three Essays on Sexuality and Other Works.* The Standard Edition of The Complete Psychological Works of Sigmund Freud, Translated from the German under the General Editionship of James Strachey, In Collaboration with Anna Freud, Volume VII, London : The Hogarth Press and The Institute of Psycho-Analysis, 1953.

Freud, Sigmund. *Pre-Psycho-Analytic Publications and Unpublished Drafts.* The Standard Edition of The Complete Psychological Works of Sigmund Freud, Translated from the German under the General Editionship of James Strachey, In Collaboration with Anna Freud, Volume I(1895), London: The Hogarth Press and The Institute of Psycho-Analysis, 1966. (S.E. Vol. I)

O'Neill, Patrick. *Fictions of Discourse. Reading Narrative Theory.* Toronto Buffalo London: University of Toronto Press Incorporated 1994.

단절과 재현 사이에서

| 김여진 |

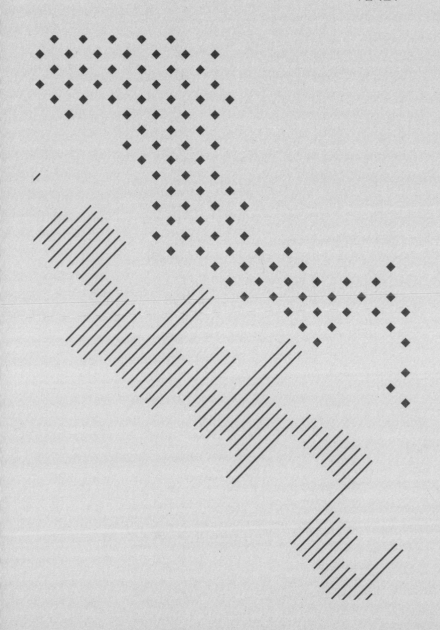

| 이 글은 《유교사상문화연구》 제87집(2022)에 게재된 원고를 수정 및 보완한 것이다. |

들어가는 말

이질적인 문화와 정신이 만날 때, 그 사이에서 일어나는 다양한 운동 및 작용들은 새로운 질서를 태동하고 창조하는 데 있어 적극적인 장場의 역할을 한다. 양자 사이의 심연에서 발현하는 인간의 사유 능력 또한 다르지 않다. 그것은 곧 사상가의 새로운 방법이자 관점이 되며, 문화적 산물로서의 질서를 창출하기도 한다. 사물과 인간 사이의 말과 문자가 그러하며, 하늘(자연)과 인간 사이에 있는 무축巫祝의 왕이 그러했고, 순자荀子가 제창한 새로운 예(禮法)도 하나의 사례이다.

　이 글은 예와 법의 이질적인 질서 사이에 놓여 있었던 전국시대 말기의 사상가 순자가 '이질적인 것'들을 대하는 관점과 다루는 방식에 대해 검토하고 평가하는 것을 목적으로 하며, 다음과 같은 맥락에서 논의를 전개한다.

　먼저, 이질성에 대한 개념적 이해를 바탕으로, 그러한 것들을 다루는 순자의 기본 원칙에 대한 이론적 체계를 살펴보기 위해 이질적인 것들의 상호 관계를 결정하는 순자의 주요 방식 및 논리적 배경을 정치적 안정이라는 실천적 과제를 통해 검토하려고 한다. 이 글은 순자의 이질적 논리를 낳은 저변의 기제를 정명正名의 논리에 있다고 본다.

　다음으로 순자의 이질적 논리에 대한 인정 사례를 살펴볼 것이다. 두 개의 서로 다른 질서가 어떻게 접촉하고 연결되는지를 파악하기 위해서는 순자의 역사 인식을 비롯하여 문학, 사회, 정치,

언어 등 정신세계 구축에 결부되는 '관계들의 복합체complex of relations'나 다름없는 사유 체계의 논리를 탐색해야 한다. 이 글에서는—글쓰기의 형식적인 측면에서 볼 때《순자苟子》에서 가장 이질적인 공간이라고 할 수 있기 때문에—그의 유일한 시가문학인 〈성상〉과 〈부〉 편을 사례로 들어 살펴볼 것이다.

끝으로, 순자의 이질적인 조건과 사상 형태가 공존하는 방식의 특징 및 논리적 결함 등을 종합적으로 평가한다.

펼쳐 가며: 정명의 소거의 논리

오늘날 초연결사회hyper-connected society에서 '이질성異質性 · heterogeneity'을 언급할 때 그것은 일반적으로 다양성을 전제하고 공존을 지향하기 위한 차이差異 · difference의 발견을 긍정할 때 사용되거나, 또는 이질성의 근원 및 구조적 파악을 전통적인 이분법의 해체를 통해 접근하고자 할 때 사용된다. 따라서 이 글에서 논의할 이질성은 본래 자연과학이나 의학적 입장에서 말하는 성분적 분석의 개념과는 다른 차원에서 접근함을 강조해 둔다. 이 글이 '이질성'에 대해 그 어원적 토대를 달리하여 접근하는 까닭은 동아시아의 전통적인 개념으로부터 오늘날 '초연결성의 병리적 문제'라는 시대적 화두에 접근하기 위해선 무엇보다도 한자문화권에서의 다름(異)에 대한 논의가 필요하기 때문이다.

'異' 자의 갑골문甲骨文 글자(🪧)와 금문今文 글자(🪧)는 "양팔을

쭉 벌려 사람을 놀라고 두려워하게 만드는 모습을 나타내는 상형 자이다. 지극히 보통과 다른[異常] 모양으로부터 '같지 않다[不同]', '일치하지 않는다[岐貳]'라는 뜻을 나타내고 있다."[1] 기이함[奇異·strange]을 뜻하는 용례들은 예를 들어 《산해경山海經》·《하도河圖》·《묵자墨子》·《국어國語》 등 문헌에서의 서술 형태를 이어받은 장화 張華(232~400)의 지괴소설 《박물지博物志》에서 범주별로 나눠진 제 목들을 보아도 알 수 있다. 권2와 권3에서 다룬 〈외국外國〉·〈이인 異人〉·〈이속異俗〉·〈이산異産〉·〈이수異獸〉·〈이충異蟲〉·〈이어異 魚〉·〈이초목異草木〉[2] 등은 모두 신비롭고 기이한 '다른'[不同·difference] 사물과 풍속들을 카테고리별로 집합시킨―유교 담론에 편입될 수 없는[3]― 이질의 공간[場]이기도 하다.

한편, 순자에게 있어 이異 자는 시대적 요청에 따른 유가의 이념 및 왕도의 실현이라는 목적 하에 문헌 전체에서 고르게 등장한다. 그가 (후천적인) 교육을 강조할 때는 '다른' 풍속과 문화 등을 그 근거나 배경으로서 언급하고 있으며, 예론禮論을 펼칠 때는 예의 기능으로써 '식별함', '구분'을 드러낼 때 애용하고 있다. 또, 순자 가 성性과 위僞, 천天과 인人, 예禮와 악樂 등을 소재로 분分과 화和의 논리를 전개할 때에도 역시 이異 자를 들어 다름의 내용이 무엇인 지를 밝히는 데 사용하고 있으며, 제자들의 변설辨說을 거절하고

1 白川靜, 《常用字解》, 北京: 九州出版社, 2010, p. 8.

2 鄭曉峰 譯註, 《博物志》, 中華書局, 2019.

3 유교 전통의 지배적 담론에 대한 거부와 저항의 사례들을 분석한 글은 다음을 참고하였 다. 김지선, 〈《博物志》에서의 공간의 의미〉, 《중국어문학지》 12, 2002, 18~23쪽.

비판할 때도 사용하고 있다. 특히, 정명을 설파하는 경우 '서로 다른' 사물의 실질 내용을 강조할 때 언급된다. 요컨대, 이異 자는 앞서 말한 바와 같이 크게 '이상하다', 그리고 그보다 더 차별적 의미를 강조하는 '다르다'라는 두 가지의 뜻을 나타낼 때 서술된다. 그 가운데 이 글에서는 후자의 의미에 착안하여 논의를 전개해 갈 것이다. 그 때문에 제목에서 언급한 '이질성'을 다루는 방식은 순자가 '서로 다름'을 다루는 방식이라 읽어도 무방하다. 이를 위해 먼저 살펴야 할 것은 이질성에 대한 개념적 이해를 바탕으로 하여 그러한 것들을 다루는 순자의 이론적 체계이다.

주지하다시피 순자의 정명은 사물의 명칭과 실질을 일치시키기 위해 이름을 새롭게 제정한다는 뜻이다. 〈정명〉은 순자가 명가名家의 궤변이나 제자諸子의 '이단설異端說에 대한 대응'을 목적으로 유가의 입장에서 다양한 대상의 본질적인 속성을 규정 내린 편장이며, 이때 특정 대상이 유별하게 갖고 있는 속성들은 유사한 대상들을 비교 검토하고 분류하는 작업을 통해 밝혀진다. 이 같은 작업은 당시 순자가 기존에 공유되고 있던 유가의 언어적 자산이 맞닥뜨린 한계에 대해, 즉 "명분이 실질의 변화에 뒤처지고 그것을 완전하게 표현해 낼 수 없게 된 위기를 '제명制名'을 통해 극복"[4] 하고자 한 시도이다.

순자는 이름을 바르게 고치는 일에 있어 어떠한 근거와 규칙을 갖고 있을까? 그는 명칭을 제정하는 기준을 아래와 같이 설명한다.

---

4 內山俊彦, 《순자 교양강의》, 석하고전연구회 옮김, 돌베개, 2013, 216쪽.

그렇다면 무슨 근거로 동이를 구별하는가? 이르기를 천관天官에 근거해서이다. 무릇 유류類가 같고 실정(情)이 같은 것은 천관이 그 사물에 대해 얻은 인상 또한 같다. 그러므로 비유 · 모방해서 대체로 비슷하게 하면 통할 수 있으니, 이것이 약정해서 생각을 교류할 수 있는 까닭이다. … 마음에는 기능이 있다. 징지徵知하면 귀에 말미암아 소리를 알아도 되고, 눈에 말미암아 형체를 알아도 된다. 그렇지만 징지 작용은 천관이 대상의 유형에 접촉한 다음이라야 괜찮다. 오관이 접촉하더라도 징지하지 않고, 징지하더라도 그 이유를 말하지 못하면 모르는 사람이라고 하지 않을 이가 없을 것이다. 이것이 같고 다름을 만드는 근거이다.[5]

　　같음과 다름(同異)을 구별한 연후에 이를 따라 명명하게 된다. 같으면 같게 하고 다르면 달리한다. 단명單名으로 충분히 이해되면 단명으로 하고, 단명으로 충분히 이해되지 않으면 겸명兼名으로 하며, 단명과 겸명이 서로 어긋나지 않으면 공명共名으로 한다. 비록 공명으로 할지라도 분간되지 않는 것은 실질이 다를 경우 명칭도 달라야 함을 알기 때문이다. 그러므로 실질을 달리하는 것으로 하여금 명칭을 달리하지 않을 수 없게 한다. 이를 어지럽게 할 수 없는 것은 마치 실질을 같이 하는 것으로 하여금 명칭을 같게

5　《荀子》〈正名〉: "然則何緣而以同異? 曰, 緣天官. 凡同類同情者, 其天官之意物也同. 故比方之疑似而通, 是所以共其約名以相期也. … 心有徵知. 徵知, 則緣耳而知聲可也, 緣目而知形可也, 然而徵知必將待天官之當簿其類然後可也. 五官簿之而不知, 心徵之而無說, 則人莫不然謂之不知, 此所緣而以同異也."

　　　　　　　　　　　　　　　　　　　　　단절과 재현 사이에서 |

하지 않을 수 없는 경우와 같다. 그러므로 만물이 비록 많더라도 때에 따라 이를 두루 다 들고 싶을 경우가 있다. 그러므로 일컬어 물物이라 한다. 물이라 하는 것은 큰 공명, 즉 공통 명칭이다. … 명칭은 정해진 의미가 없고 약속함으로써 이름 붙여지며 약속이 정착하여 습속화되면 이를 일컬어 마땅하다 하고 약속과 다르면 이를 일컬어 마땅치 않다 한다. 명칭은 정해진 실질이 없고 약속함으로써 이름 붙여지며 약속이 정착하여 풍속화되면 이를 일컬어 실명實名이라 한다. … 이것이 사물에 있어 실질을 고찰하여 수를 정하는 근거다. 바로 명칭을 제정하는 중요한 기준인 것이다.[6]

첫 번째 인용문은 심心에서 징지徵知된 외물이 식별된 후에 판단에 의거해서 명명되는 과정을 보여 준다. 천관天官, 천군天君에 따른 인간 모두에게 동일한 인식 작용의 과정은 순자의 〈해폐解蔽〉편에서도 논의된 바 있는데, 이 같은 식별하는 작용을 근거로 하여 명칭을 제정하는 규칙은 두 번째 인용문에서 구체적으로 살펴볼 수 있다. 밑줄로 표시한 세 가지의 제정 규칙은 결국 다름을 어떻게 다룰 것인지에 대한 요지인데, 순자는 명실名實의 일치一致를 위해 실질을 달리하는 사물에 명칭을 동일하게 해서는 안 되며,

---

6 《荀子》〈正名〉: "然後隨而命之, 同則同之, 異則異之, 單足以喩則單, 單不足以喩則兼, 單與兼無所相避則共, 雖共, 不爲害矣. 知異實者之異名也, 故使異實者莫不異名也, 不可亂也. 猶使同實者莫不同名也. 故萬物雖衆, 有時而欲徧擧之, 故謂之物. 物也者, 大共名也. … 名無固宜, 約之以命, 約定俗成謂之宜, 異於約則謂之不宜. 名無固實, 約之以命實, 約定俗成謂之實名. … 此事之所以稽實定數也. 此制名之樞要也."

마찬가지로 실질이 같은 사물에 대해서는 명칭이 달라서는 안 된다고 말한다.

단명單名, 겸명兼名, 공명共名, 대공명大共名, 대별명大別名과 같이 구분된 호칭으로부터 이름을 말하는 까닭도, 이를 통해 실질을 이해할 수 있어야 명칭의 효용이 있기 때문이다. 이때 실질적 내용은 본래 고정된 것이 아니나, 자의적으로 제정하는 것 또한 아니다. 따라서 후왕의 정명은 "옛 이름(舊名)에 따라 새 이름(新名)을 만든다",[7] 즉 상호 약정에 따라 전승된 것을 바탕으로 새로운 사물의 명칭을 제정하는 것이다. "만물에 붙여지는 일반 명칭은 중원의 기존 습속(成俗)을 따르며 먼 지역 습속을 달리하는 고장의 것(遠方異俗之鄕)도 충분히 참작하여 이를 근거로 통용하도록 한다"[8]는 것은 약속한 이름이 정착되고 습속화되면 실질적 내용에 맞는 명칭이 완성됨을 말해 준다.

이렇듯 순자에게 있어 명칭이란 같음과 다름에 근거하여 상호 약정 하에 명명하는 것인데, 정명의 자의적 작동이나 불안정성이라는 문제에 맞서 '인위'의 능력으로 정명의 기초를 마련했다고 말할 수 있다. 따라서 이름을 바르게 제정하는(正名) 과정을 통해 생겨난 결과는 결정론적이지 않으며 결과론적이다.

이렇게 다른 것(異說)에 대한 결과적 소거掃去의 논리에 따라 보수補修하고 개정하는 작업을 일컬어 모두 '정正'의 과정이라고 볼

7 《荀子》〈正名〉: "若有王者起, 必將有循於舊名, 有作於新名."
8 《荀子》〈正名〉: "散名之加於萬物者, 則從諸夏之成俗曲期, 遠方異俗之鄕, 則因之而爲通."

수 있다면, 이때 작동하지 않는(不作用) 결과물 역시 이질적인 것들로 분류된다. 순자의 이름을 제정하는 교정 과정에서 생겨난 탈락된 것들은 정명의 이면이며 이질의 공간이다. 정명의 배후에서 소거된 것들은 결국 당시 실정과 규범에 정합하지 않거나 비유가적인 질서에 해당되는 것들이기 때문에—순자의 유가적 논리가 곧 정합의 기준이며 이들을 배리(背理)하는 것들은 전부 버리게 되는 셈이라—조건부의 다양성을 긍정했다고 평가 내릴 수밖에 없다. 순자의 정명이 다양성에 대한 전면 부정 또는 상대적 다양성의 인정이 아니라는 점은, 뒤에서 이질적인 것을 다루는 순자의 정합론적coherent 방식에 대한 평가를 통해 덧붙이겠다.

끝으로, 순자가 명칭을 제정하는 것을 중요시하는 까닭은 단순히 언어나 논리의 정합적 문제만은 아니다. "순자가 이러한 논리적인 의미를 밝힌 것은 순수한 사변에 목적이 있는 것이 아니라, 오히려 사회규범의 기준을 수립하여 질서를 건립하기 위한 실천적인 목적에 그 뜻이 있다."[9] 실질적으로 정치적 안정성의 추구라는 현실적인 과제를 목적으로 하고 있기 때문에 구체적인 이질의 긍정 사례와 유형을 그의 역사 의식, 사회문화, 정치, 언어, 문학 등의 입장에서 각각에 결부되는 대응설적correspondent 논리를 탐색해 보아야 할 것이다. 다만, 이 글에서는 문학을 중심으로 하여 특히《순자》에서 유일한 시가문학 작품이자 가장 이질적인 공간이라 할 수 있는 〈성상成相〉과 〈부賦〉 편을 들어 논의를 전개하고자 한다.

---

9   유희성, 〈순자는 왜 이름을 중시하는가?〉,《범한철학》 40(1), 2006, 191쪽.

이질성의 긍정 사례들

순자를 가리켜 전국시대를 대표하는 철학자이자 행정가로 평가하는 것은 우리에게 낯설지 않다. 그런데 이러한 신원 이외에도 문장가 및 문학가로서 뛰어난 면모를 높이 사는 후대의 평가를 눈여겨 볼 필요가 있다. 그것은 순자의 이질적인 것을 다루는 방식에 관한 이 글이 왜 그의 시가문학인 〈성상〉과 〈부〉 편을 들어 논의를 전개하려고 하는지에 대한 답변이기도 하다.

순경이 지은 여러 부賦들은 치밀하게 꼼꼼해서 물을 담아낼 수 있(을 정도)다.[10]

순경과 같은 경우 주제를 세워 논하는 것이 전국시대 이래 일인자이다. 고로 그 문장이 앞선 든 몇몇과 비하면 자못 순정하고 충실하다.[11]

순황과 양웅은 모두 시와 부로부터 경학에 달했으니, 문학에서 치세의 도를 통찰했다.[12]

....

10 《朱子語類》卷一三九〈論文上〉: "荀卿諸賦縝密, 盛得水住."

11 申靖夏,《恕菴集》卷6〈答李聖瑞書〉: "而至如荀卿, 乃其立言論道, 帥戰國以來一人. 故其文比向者數子, 頗醇實."

12 〔清〕魏源,《定庵文錄叙》: "荀況氏、揚雄氏亦皆從詩賦入経术, 因文見道."

위의 인용문에서 보듯 이 글이 순자를 전국시대 후기의 비중 있는 시인 또는 문장가로 평가하는 것에 동의할 수 있다면, 그가 문학과 철학을 어떠한 방식으로 맞대하고 있는지도 살펴볼 수 있을 것이다.

〈성상〉

《순자》의 대부분 서술은 어록체가 아닌 논설문으로서 논지가 명확하고 논리가 치밀한 논변 방식을 취하고 있다. 그런데 이러한 전문적인 논설을 담은《순자》안에 산문과 성격이 다른 운문 형식의 〈성상〉과 〈부〉 편이 있다. 먼저 〈성상〉 편의 형식과 내용의 두 측면을 살펴보자. 이로써 순자가 이질적인 것들을 어떻게 얼개 지었는지 알아차릴 수 있을 것이다.

〈성상〉은 독특한 편장 체제와 구성 형식을 갖고 있다. 〈표 1〉에서 알 수 있듯이 〈성상〉은 총 56장章의 장시長詩로, 첫 번째 단락은 22장, 두 번째 단락은 20장, 마지막 단락은 12장의 세 단락(三章)[13]으로 구성되어 있다. 각 장은 일반적으로 3/3/7/4/7 언구言句의 구성 형식을 갖추고 있으며, 글자가 소실되거나 형식에 변형을 준 몇몇 장을 제외하고는 거의 24개의 자字로 되어 있다. 이러한 구성 형식은 순자가 당시 초나라 민간에서 유행하는 가요歌謠의 구조를 참조하여 편성한 것이라고 볼 수 있다. 게다가 '성상사成相辭'와 같은 형식은 〈성상〉 편 이전에 이미 초나라에서 관리官吏를 훈

---

13 《荀子》〈成相〉：楊倞注 "故作成相三章"

| 표 1 |

단락 (장)	〈성상〉편 원문	구성 형식
	"請成相, 世之殃, 愚闇愚闇墮賢良. 人主無賢, 如瞽無相何倀倀"	3/3/7/4/7
	"請布基, 愼聖人, 愚而自專事不治. 主忌苟勝, 羣臣莫諫必逢災."	3/3/7/4/7
	"論臣過, 反其施, 尊主安國尙賢義. 拒諫飾非, 愚而上同國必禍."	3/3/7/4/7
	"曷謂罷? 國多私, 比周還主黨與施. 遠賢近讒, 忠臣蔽塞主埶移."	3/3/7/4/7
	"曷謂賢? 明君臣, 上能尊主愛下民. 主誠聽之, 天下爲一海內賓."	3/3/7/4/7
	"主之孽, 讒人達, 賢能遁逃國乃蹷. 愚以重愚, 闇以重闇成爲桀."	3/3/7/4/7
	"世之災, 妬賢能, 飛廉知政任惡來. 卑其志意, 大其園囿高其臺."	3/3/7/4/7
	"武王怒, 師牧野, 紂卒易鄉啓乃下. 武王善之, 封之於宋立其祖."	3/3/7/4/7
	"世之衰, 讒人歸, 比干見刳箕子累. 武王誅之, 呂尙招麾殷民懷."	3/3/7/4/7
1	"世之禍, 惡賢士, 子胥見殺百里徒. 穆公任之, 强配五伯六卿施."	3/3/7/4/7
(22)	"世之愚, 惡大儒, 逆斥不通孔子拘. 展禽三絀, 春申道綴基畢輸."	3/3/7/4/7
	"請牧基, 賢者思, 堯在萬世如見之. 讒人罔極, 險陂傾側此之疑."	3/3/7/4/7
	"基必施, 辨賢罷, 文武之道同伏戲. 由之者治, 不由者亂何疑爲?"	3/3/7/4/7
	"凡成相, 辨法方, 至治之極復後王. 復愼墨季惠, 百家之說誠不詳."	3/3/7/5/7
	"治復一, 脩之吉, 君子執之心如結. 衆人貳之, 讒夫棄之形是詰."	3/3/7/4/7
	"水至平, 端不傾, 心術如此象聖人. 而有埶, 直而用抴必參天."	3/3/7/3/7
	"世無王, 窮賢良, 暴人芻豢仁人糟糠. 禮樂滅息, 聖人隱伏墨術行."	3/3/8/4/7
	"治之經, 禮與刑, 君子以脩百姓寧. 明德愼罰, 國家旣治四海平."	3/3/7/4/7
	"治之志, 後埶富, 君子誠之好以待. 處之敦固, 有深藏之能遠思."	3/3/7/4/7
	"思乃精, 志之榮, 好而壹之神以成. 精神相反, 一而不貳爲聖人."	3/3/7/4/7
	"治之道, 美不老, 君子由之佼以好. 下以敎誨子弟, 上以事祖考."	3/3/7/6/5
	"成相竭, 辭不蹶, 君子道之順以達. 宗其賢良, 辨其殃孽■■■."	3/3/7/4/7
	"請成相, 道聖王, 堯舜尙賢身辭讓. 許由善卷, 重義輕利行顯明."	3/3/7/4/7
	"堯讓賢, 以爲民, 汜利兼愛德施均. 辨治上下, 貴賤有等明君臣."	3/3/7/4/7
	"堯授能, 舜遇時, 尙賢推德天下治. 雖有賢聖, 適不遇世孰知之?"	3/3/7/4/7
	"堯不德, 舜不辭, 妻以二女任以事. 大人哉舜! 南面而立萬物備."	3/3/7/4/7
	"舜授禹, 以天下, 尙得推賢不失序. 外不避仇, 內不阿親賢者予."	3/3/7/4/7

단절과 재현 사이에서 |

漢文	박자
"禹勞心力, 堯有德, 干戈不用三苗服. 舉舜畎畝, 任之天下身休息."	4/3/7/4/7
"得后稷, 五穀殖, 夔爲樂正鳥獸服. 契爲司徒, 民知孝弟尊有德."	3/3/7/4/7
"禹有功, 抑下鴻, 辟除民害逐共工. 北決九河, 通十二渚疏三江."	3/3/7/4/7
2 "禹傅土, 平天下, 躬親爲民行勞苦. 得益, 皐陶, 橫革, 直成爲輔."	3/3/7/4/6
(22) "契玄王, 生昭明, 居於砥石遷於商. 十有四世, 乃有天乙是成湯."	3/3/7/4/7
"天乙湯, 論擧當, 身讓卞隨擧牟光. ■■■, 道古賢聖基必張."	3/3/7/4/7
"願陳辭, ■■■, 世亂惡善不此治. 隱諱疾賢, 良由姦詐鮮無災."	3/3/7/4/7
"患難哉! 阪爲先, 聖知不用愚者謀. 前車已覆, 後未知更何覺時."	3/3/7/4/7
"不覺悟, 不知苦, 迷惑失指易上下. 中不上達, 蒙揜耳目塞門戶."	3/3/7/4/7
"門戶塞, 大迷惑, 悖亂昏莫不終極. 是非反易, 比周欺上惡正直."	3/3/7/4/7
"正直惡, 心無度, 邪枉辟回失道途.己無郵人, 我獨自美豈獨無故!"	3/3/7/4/8
"不知戒, 後必有恨, 後遂過不肯悔. 讒夫多進, 反覆言語生詐態."	3/3/7/4/7
"人之態, 不如備, 爭寵嫉賢相惡忌. 妒功毀賢, 下斂黨與上蔽匿."	3/3/7/4/7
"上壅蔽, 失輔埶, 任用讒夫不能制.郭公長父之難, 厲王流於彘."	3/3/7/6/5
"周幽厲, 所以敗, 不聽規諫忠是害. 嗟我何人, 獨不遇時當亂世!"	3/3/7/4/7
"欲衷對, 言不從, 恐爲子胥身離凶.進諫不聽, 剄而獨鹿棄之江."	3/3/7/4/7
"觀往事, 以自戒, 治亂是非亦可識. ■■■■, 託於成相以喩意."	3/3/7/4/7
"請成相, 言治方, 君論有五約以明, 君謹守之, 下皆平正國乃昌."	3/3/7/4/7
"臣下職, 莫游食, 務本節用財無極. 事業聽上, 莫得自使一民力."	3/3/7/4/7
3 "守其職, 足衣食, 厚薄有等明爵服. 利往卬上, 莫得擅與孰私得?"	3/3/7/4/7
(12) "君法明, 論有常, 表儀旣設民知方. 進退有律, 莫得貴賤孰私王?"	3/3/7/4/7
"君法儀, 禁不爲, 莫不說教名不移. 脩之者榮, 離之者辱孰它師?"	3/3/7/4/7
"刑稱陳, 守其銀, 下不得用輕私門. 罪禍有律, 莫得輕重威不分."	3/3/7/4/7
"請牧祺, 明有基, 主好論議必善謀. 五聽脩領, 莫不理續主執持."	3/3/7/4/7
"聽之經, 明其請, 參伍明謹施賞刑. 顯者必得, 隱者復顯民反誠."	3/3/7/4/7
"言有節, 稽其實, 信誕以分賞罰必. 下不欺上, 皆以情言明若日."	3/3/7/4/7
"上通利, 隱遠至, 觀法不法見不視. 耳目旣顯, 吏敬法令莫敢恣."	3/3/7/4/7
"君教出, 行有律, 吏謹將之無鈹滑. 下不私請, 各以所宜舍巧拙."	3/3/7/4/7
"臣謹脩, 君制變, 公察善思論不亂. 以治天下, 後世法之成律貫."	3/3/7/4/7

련하기 위한 교재로 사용되는 등 비교적 광범위하게 유행하고 있었기 때문에, 순자가 초나라에 거주할 당시 지방의 통속적인 문예 형식에 영향을 받아 형식적인 측면을 적극적으로 수용했음을 알 수 있다.

이처럼 〈성상〉은 《시》에서 주로 볼 수 있는 4언구의 형식 구조를 갖고 있으면서 동시에 초나라 시가의 주요 전통적인 7언구의 특징도 함께 지니고 있는데, 이러한 순자의 운문적 특징은 형식적인 아름다움과 자연미를 서로 조화시킨 것으로 볼 수 있다. 즉, 운문 생성의 선후 관계를 보아도 "민간에서의 가요는 시보다 앞서며", 좋은 시는 가공(일정의 구조와 규칙을 갖는 정연함)이 더해져야 하는 반면, 가요는 "형식상 좀 더 자유롭고 (시를 짓지 못하는) 민간인이 자신의 순간의 감정을 지극히 단순하고 짧은 음절로써 표현해 내며 의도치 않게 세상에 널리 유전된다"[14]는 점에서 시와 가요는 현저하게 구분되기 때문이다. 요컨대 〈성상〉은 형식적인 측면에서 당시의 민간 가요의 형식과 궁정 문인의 창작 형식이 상호 얼개 지어 새로운 문예 양식을 만들어 냈다고 볼 수 있다.

사상의 내용적 측면의 특징을 살펴본다면, 〈성상〉 편에는 지명도 높은 역사적 인물이 40명 넘게 출현하는데, 그들의 악하거나 선한 행적들을 민간에서 즐기던 곡조를 취해 개술槪述하는 방식으로 역사에 대한 진술과 자신의 정치적 견해를 주장하고 있다. 세 단락의 주요 내용은 아래와 같다.

14　梁啓超, 《梁啓超論中國文學》, 北京: 商務印書館, 2012, p.2.

첫 번째 단락(22장)은 주로 당시의 정치적 혼란을 폭로하며 예법의 붕괴 현상과 그에 따른 병폐를 신랄하게 드러내고 있다. 다른 한편으로는 이상적인 치국 이론의 틀과 바람직한 사회 조감도를 노래한다. 구체적으로는 정치의 기본으로서 '인사 관리'의 방도를 설명하거나, '예'와 '형'으로 다스리는 예법치국禮法治國의 방법을 거듭 강조한다.

두 번째 단락(22장)은 가장 극적인 분위기를 자아내는 곳이다. 역대의 성왕인 요·순·우·탕과 현신賢臣 및 현자賢者들을 추앙하는 한편 간신奸臣과 참부讒夫의 사례를 끊임없이 나열하며 대비되는 사건들을 교차적으로 배열하는데, 결국 단락의 결미에 가서는 "아아, 나는 무엇하는 사람이기에 홀로 때를 못 만나 난세와 마주쳤는가"라며 탄식하고 있다.

마지막 단락(12장)에서는 앞서 말한 이상적인 정치상의 연속선상에서 군자의 도〔君道〕와 치국의 방법 및 천하통일의 정치적 이상을 노래한다.

내용에 있어 세 단락은 각각 공통된 구성을 보인다. 즉, 순자가 한편으로는 이상적인 정치상을 제시하고 인정仁政의 필요성을 호소하면서 동시에 자신의 주장이 끝내 현실 가운데 실현되지 못해 느끼는 한탄과 비운의 감회를 기탄없이 토로하는 등, 상이한 감정선이 교차적으로 등장한다. 유가 이념에 대한 집념을 나타내는 구절이 보이면서도 이상과 현실 사이에서 내적 모순을 겪는 순자의 번뇌를 들여다볼 수 있다. 순자가 〈성상〉 편을 집필한 시점이—1975년 12월 수호지睡虎地 진묘秦墓에서 출토된 죽간竹簡 가운데《진간秦簡 〈성상편成相篇〉을 통해 고증됨으로써—초나라의 춘신군春申君의 죽음(기원전 238) 이후이며, 이에 대한 분개와 원통한 감정이 〈성상〉 편 집필에 계기가 되었다면 순자의 감정선을 충분히 납득할 수 있다. 순자는 그렇다면 왜 종전 논설의 글쓰기에서 운문의 글쓰기를 끌어들인 것일까?

〈성상〉의 편명에서 상相은 명사로 쓰일 때 장님을 부축하는 사람을 뜻하는데, 군주와 현자를 눈먼 장님과 그를 부축하고 돕는 어시스턴트(相)에 비유[15]하여 정치의 기본을 노래했다는 점에서, 즉 사리에 어두운 군주의 어시스턴트를 자청하는 의미에서[16] 순자의 사상과 감정 및 전달하고자 하는 정치적 주장을 이처럼 우회적인 방식으로 펼치고 있는 것일지도 모르겠다.

또한, 이와 같은 시도는 순자가 이질적인 것들에 대해 수용력과 운용력을 갖고 있다고 말할 수 있다. 다시 말해, 상이한 형식을 지닌 시경과 초사의 융합은 북방문화의 사대부 문학에 남방문화의 통속적인 가요 형태를 흡수해 새로운 형식의 사부辭賦문학을 탄생시키는 창조적 역할을 했다.

〈성상〉에서 보여 주는 그의 철학적 해석은 모두 언급(글쓰기)들을 통한 문학철학에 다름 아니다. 순자는 철학적 개념들만 가지고 설득력을 높이는 것의 한계를 극복하고자 논리성과 문예성이 결합된 새로운(이질적인) 전달 방식을 찾았던 것이다. 운문의 방식을

15 《荀子》〈成相〉: "人主無贤, 如瞽無相"
16 李炳海, 〈《荀子·成相》的篇题, 结构及其理念考辨〉, 《江汉论坛》, 2010, 90쪽.

수용한 그의 철학적 글쓰기는, 그가 문학적 이질성을 통해 유학儒學의 글쓰기조차 그 지평을 넓히는 실험에 주저하지 않았음을 엿보게 한다.

하지만 이러한 순자의 문학적 글쓰기는 사상적 일탈의 기법에 불과하기 때문에 문체의 미학까지 완전히 갖추었다고 보기는 어렵겠다. 그것은 그의 글쓰기 실험이 애초부터 문학적 이상의 실천을 목적으로 한 것이 아니라, 이른바 '공간적 피구속성'에서 비롯된 것일 수 있기 때문이다. 다시 말해 조趙나라 출신으로 제齊나라에서 공부하고 초楚나라에서 중용된 순자가 여러 다른 국가에서 체류하면서 얻은 다양한 문화적 체험, 그리고 초기 법가가 득세하고 변법에 연이은 성공을 보여 준 진秦나라와 초나라 사이의 군사적 긴장감과 같은 공시적 경험이 그로 하여금 종전과는 이질적인 새로운 창작을 시도하게 했을지도 모르겠다.

〈부〉

〈부〉 편에는 순자가 창작한 총 6편의 시가 수록되어 있다.[17] 전반부 5편은 신하가 묻고, 군왕이 답하는 문답체의 형식을 포함하고 있는 〈예禮〉, 〈지知〉, 〈운雲〉, 〈잠蠶〉, 〈잠箴〉의 부가 수록되어 있고, 후반부에는 1편의 〈궤시佹詩〉가 있다.

전반부 5편의 부는 매 편당 하나의 객관적 사물에 기탁하여 그

---

17 《순자》〈부〉편에 수록된 시의 편수 및 구성을 역대 학자들은 5편, 6편, 7편 등 각기 다른 견해로 판단하고 있는데, 이 글은 《漢書藝文志》의 언설에 근거하여 총 6편의 구성이라 본다.

에 대한 묘사를 통해 자신의 정치적 견해를 펼치고 있는데, 앞부분은 4언구의 운문으로 구성되어 있는 반면, 뒷부분은 독백이 아닌 다이얼로그의 문답 형식을 빌려 산문에 가까운 글쓰기를 하고 있다. 특히 편장의 가장 마지막 부분에 가서야 사물의 본래 명칭을 밝히는 고대의 가요에서 볼 수 있는 수수께끼 형식을 띠고 있다. 즉, "먼저 수수께끼의 답을 이면에 숨겨 놓은 상태에서 은어隱語로 수수께끼의 문제를 설명하고 나중에 그 답을 제시하는"[18] 형식이다.

〈부〉 편에서 마지막에 배치한 〈궤시〉는 앞선 5편처럼 자유로운 문답의 기법을 담은 형식과 전연 다른 분위기의 극단적인 전환을 보여 주는데, 당시의 본말이 전도된 세태를 개탄하는 울분의 가사들로 이루어져 있다.

이처럼 〈부〉의 6편의 시는 공통적으로 형식적인 면에서 운문과 산문의 형식이 혼합되어 있다. 〈표 2〉 〈부〉 편의 구성을 보면, 《시경》의 4언구 '운문' 형식과 선진 시기 잡구雜句의 '산문'의 글쓰기가 서로 결합되어 있는 언어적 특징을 확인할 수 있다. 〈성상〉 편에 비해 자유로운 형식적 특징을 갖고 있다고 말할 수 있다.

구체적인 내용 측면에서는 말하자면, 〈예〉와 〈지〉의 두 개 부 가운데, 전자는 예의禮義의 효용성이 매우 크고 중요함을 설명하고, 후자는 예법禮法치국에 있어 군자의 지혜(君子之知)의 중요한 역할을 강조한다. 나머지 〈운〉, 〈잠蠶〉, 〈잠箴〉의 주제의식 역시 마찬가

---

18   전통문화연구회, 《역주 순자집해》6 (동양고전역주총서91), 2019, 190쪽.

| 표 2 |

〈禮〉	爰有大物, 非絲非帛, 文理成章. 非日非月, 爲天下明. 生者以壽, 死者以葬, 城郭以固, 三軍以强. 粹而王, 駁而伯, 無一焉而亡. 臣愚不識, 敢請之王. 王曰, 此夫文而不采者與? 簡然易知而致有理者與? 君子所敬而小人所不者與? 性不得則若禽獸, 性得之則甚雅似者與? 匹夫隆之則爲聖人, 諸侯隆之則一四海者與? 致明而約, 甚順而禮, 請歸之禮. 禮.
〈知〉	皇天隆物, 以示下民, 或厚或薄, 帝不齊均. 桀紂以亂, 湯武以賢. 涽涽淑淑, 皇皇穆穆, 周流四海, 曾不崇日. 君子以脩, 跖以穿室. 大參乎天, 精微而無形. 行義以正, 事業以成. 可以禁暴足窮, 百姓待之而後寧泰. 臣愚不識, 願問其名. 曰, 此夫安寬平而危險隘者邪? 脩潔之爲親而雜汗之爲狄者邪? 甚深藏而外勝敵者邪? 法禹舜而能弇迹者邪? 行爲動靜待之而後適者邪? 血氣之精也, 志意之榮也. 百姓待之而後寧也, 天下待之而後平也. 明達純粹而無疵也, 夫是之謂君子以知. 知.
〈雲〉	有物於此, 居則周靜致下, 動則蒸高以鉅. 圓者中規, 方者中矩. 大參天地, 德厚堯禹, 精微乎毫毛, 而充盈乎大宇. 忽兮其極之遠也, 攭兮其相逐而反也, 卬卬兮天下之咸蹇也. 德厚而不捐, 五采備而成文. 往來惛憊, 通於大神, 出入甚極, 莫知其門. 天下失之則滅, 得之則存. 弟子不敏, 此之願陳, 君子設辭, 請測意之. 曰, 此夫大而不塞者與? 充盈大宇而不窕, 入郄穴而不偪者與? 行遠疾速而不可託訊者與? 往來惛憊而不可爲固塞者與? 暴至殺傷而不億忌者與? 功被天下而不私置者與? 託地而游宇, 友風而子雨. 冬日作寒, 夏日作暑. 廣大精神, 請歸之雲. 雲.
〈蠶〉	有物於此, 㦒㦒兮其狀, 屢化如神. 功被天下, 爲萬世文. 禮樂以成, 貴賤以分. 養老長幼, 待之而後存. 名號不美, 與暴爲鄰. 功立而身廢, 事成而家敗. 棄其耆老, 收其後世. 人屬所利, 飛鳥所害. 臣愚而不識, 請占之五泰. 五泰占之曰, 此夫身女好而頭馬首者與? 屢化而不壽者與? 善壯而拙老者與? 有父母而無牝牡者與? 冬伏而夏游, 食桑而吐絲, 前亂而後治, 夏生而惡暑, 喜溼而惡雨. 蛹以爲母, 蛾以爲父, 三俯三起, 事乃大已. 夫是之謂蠶理. 蠶.
〈箴〉	有物於此, 生於山阜, 處於室堂. 無知無巧, 善治衣裳. 不盜不竊, 穿窬而行. 日夜合離, 以成文章. 以能合從, 又善連衡. 下覆百姓, 上飾帝王. 功業甚博, 不見賢良. 時用則存, 不用則亡. 臣愚不識, 敢請之王. 王曰, 此夫始生鉅其成功小者邪? 長其尾而銳其剽者邪? 頭銛達而尾趙繚者邪? 一往一來, 結尾以爲事. 無羽無翼, 反覆甚極. 尾生而事起, 尾邅移事已. 簪以爲父, 管以爲母. 旣以縫表, 又以連裏. 夫是之謂箴理. 箴.
〈佹詩〉	天下不治, 請陳佹詩. 天地易位, 四時易鄕, 列星殞墜, 旦暮晦盲. 幽晦登昭, 日月下藏. 公正無私, 見謂從橫, 志愛公利, 重樓疏堂. 無私罪人, 憼革戒兵. 道德純備, 讒口將將. 仁人絀約, 敖暴擅彊, 天下幽險, 恐失世英. 螭龍爲蝘蜓, 鴟梟爲鳳皇. 比干見刳, 孔子拘匡昭昭乎其知之明也, 拂乎其遇時之不祥也, 拂乎其欲禮義之大行也, 闇乎天下之晦盲也. 皓天不復, 憂無疆也. 千歲必反, 古之常也. 弟子勉學, 天不忘也. 聖人共手, 時幾將矣. 與愚以疑, 願聞反辭. 其小歌曰, 念彼遠方, 何其塞矣. 仁人絀約, 暴人衍矣. 忠臣危殆, 讒人服矣. 琁玉瑤珠, 不知佩也. 雜布與錦, 不知異也. 閭娵子奢, 莫之媒也. 嫫母力父, 是之喜也. 以盲爲明, 以聾爲聰, 以危爲安, 以吉爲凶. 嗚呼上天, 曷維其同!

지로 군자와 치세의 도리를 말하고 있지만, 〈예〉와 〈지〉가 직접적이고 교화적인 태도를 보여 주는 것과는 다르게 간접적이고 좀 더 비유적으로 서술하고 있다.

구체적으로 〈운〉는 "거대하여 가로막을 수 없는", "광활한 우주 안에 가득 차 있으며", "천하에 두루 미치는", 자신의 포부를 구름에 빗대어 드러내고 있다. 〈잠鷺〉, 〈잠箴〉은 비유의 대상을 생활 속에서 찾았는데, 실제 삶과 밀접한 사물인 누에와 바늘의 비유들은 구체적이며 생동감을 준다. 특히 수수께끼 놀이(오락성)를 통한 누에의 모양, 생활 습성과 성장 과정에 대한 묘사들은 독자로 하여금 그 사물이 무엇인지를 추측하게 한다. 또한, 당시의 물질적 생산력의 발전과 생활의 혁신을 의식하고 세밀함을 바탕으로 비유함으로써 신뢰감을 높여 설득의 기능을 더한다. 이처럼, 〈부〉에서 주로 사용한 용법은 부의 특성답게 문학적 '은유'이기 때문에 단순히 의미를 전달하는 목적에 그치지 않고 언어를 통해 심미적, 사변적 의미 역시 표현할 수 있다. 시나 부는 연상적, 함축적, 간접적, 추상적, 우회적으로 여운을 전달하는 특징을 지니기 때문이다.

앞서 예로 든 〈성상〉 편이 통속적인 용어로 이야기하고 있다면, 〈부〉에서는 고상하고 격조 높은 언어로 말하고 있어, 지식인으로서 위정자라는 독자 계층을 설득하고자 하는 순자의 의지가 드러난다. 이러한 점은 〈부〉 편에 대한 아래와 같은 평을 통해서도 확인할 수 있다.

이 작품의 풍자, 교훈, 수범적 성격은 곧 순자의 사회참여 의식의 발로라고 볼 수 있다. 굴원屈原의 초사楚辭와 비교해도 굴원의 작품이 일방적이고 독백적인 탄식에 그쳤다면, 순자의 작품은 강력하고 분명한 어조로 교조적敎條的 내용과 치세의 도리를 냉철하게 설파하고 있어 그 적극적인 사회적 기능을 유감없이 드러내고 있다. 〈운雲〉, 〈잠蠶〉, 〈잠箴〉이 객관적이고 구체적인 사물에 비유하여 간접적으로 주제의식을 드러낸 데 반하여 〈지知〉, 〈예禮〉는 직접적으로 교화의 도를 천명하고 있어 그 사회적 기능을 분명히 하고 있다"[19]

한편 고전 수사학의 관점에서 보더라도 순자의 글쓰기와 수사학은 밀접한 관련을 갖는다. 순자의 시나 부는 형식에서 은유적 레토릭을 빌려 사물을 노래하고 있지만, 내용은 매우 논리적인 메시지이기 때문에 형식과 내용의 적절한 조화라고도 평할 수 있다. 기술적인 특징에서도 은유의 표현을 위주로 한 문예적인 측면과 메시지를 전달하기 위한 내용의 논리성의 결합은, 예禮라는 추상적인 사물을 구체적인 사물인 법가적 이미지의 도량형기度量衡器를 통해 비유한 순자의 예론과도 비슷한 사정이다.

특히, "'문체'와 '논증'은 서로 합치되기 힘든 두 용어들로 간주됨"[20]에도 불구하고, 순자는 특정 목적을 가지고 유용한 설득의 수단으로서 시나 부를 찾았기 때문에 이는 상징적이며, 청자와도

---

19 김성수, 〈荀子의 〈賦篇〉考〉, 《漢文古典硏究》第28輯, 2014, 335~336쪽.
20 박성창, 《수사학》, 문학과지성사, 2017, 19쪽.

관련된다. 이러한 까닭에 〈궤시〉에서 초나라의 정치 상황이라는 현실적인 문제에 봉착해 상실감을 보이고 시종 탄식으로 일관하는 화자로서 순자가 수행하고 있는 것은 문학의 침투성이다.

이렇듯 순자는 이것을 〈부〉 편의 형식을 빌려 독자에게 현학적이기보다 문학 친화적으로 다가서려 했다. 이런 점에서 〈부〉 편은 순자의 이상국가론에 대한 레토릭과 메시지나 다름없다. 내용은 대단히 상식적이지만, 상식이 통하지 않는 세상에 대한 레토릭 형식의 비판적 메시지인 것이다.

결과적으로 "이러한 '표현 위주의 수사학'과 '내용 위주의 수사학' 사이의 대립을 극복하는 것이 수사학 연구의 중요한"[21] 지점이라 할 때, 순자는 이와 같은 간극의 통합을 일찍이 시도한 사상가가라고 볼 수 있을 것이다.

평가하며: 방법으로서의 정

하지만 유가의 이상이 실현될 가능성이 매우 희박했던 시기였던 탓에, 순자의 '유가적 주장의 문학화'라는 최후의 정치적 실험은 실패로 끝난 듯하다. 다만 순자는 산문에 능한 사상가였음에도 민가의 형식 및 구성을 수용하여 새로운 형태의 시가詩歌와 사부辭賦를 쓴 것은, 통속적인 문학의 선구 역할을 했다고 평가할 수 있다.

....
21 박성창, 《수사학》, 20쪽.

다음과 같은 순자의 평도 마찬가지이다. "개인적인 차원에서 자신의 감성을 운문의 형태로 남긴 예는 전국 시기 말엽의 《순자》에서 비로소 보이기 시작하는데, 〈성상〉 편과 〈부〉 편에는 훗날 부라고 불린 산문이 섞인 운문이 실려 있다. 이 글들은 정치적 불만의 토로라는 공통점을 지니고 있기 때문에 어느 개인의 '시적 감상'이라기보다는 '인위적인 글쓰기'의 결과물일 가능성이 크다고 생각된다."[22]

전국 말기의 순자는 이처럼 유가에서 예例를 찾기 힘든 새로운 방식의 의도적인 글쓰기를 통해 정명의 논리를 이어 갔다. 특히 말기적 징후로서 그가 강조하는 기존의 유가의 것과 이질화(차별화)하는 과정의 논리는, 앞서 말한 바와 같이 부정不正을 보수하고 개정하는 재정립 과정에 해당한다. 특히, 정명에 있어서 소거가 과정이라면, 재정립은 그 결과를 의미한다.

순경의 시대에는 세상의 정치가 혼탁했으며 멸망하는 나라와 난폭한 군주가 잇달아 나오고, 성인의 기본적인 도리를 닦아 몸으로 실현하려 하지도 않았다. 그는 무속에 빠져 길흉화복의 징조를 믿고 못난 유학자들이 하찮은 일에 얽매이며 장주 같은 이들이 우스갯소리 주장으로 풍속을 어지럽히는 것을 미워했다. 그래서 순경은 유가, 묵가, 도가의 학설이 펼쳐진 결과 이룬 것과 실패한 것을 살펴 차례로 정리해서 수만 자의 책을 남기고 죽었다. 이런 인

---

22   서경호, 《중국 문학의 발생과 그 변화의 궤적》, 문학과지성사, 2003, 185쪽.

연으로 그는 난릉에 묻혔다.[23]

"실패한 것[壞]"에 대해서는 소거하는 과정을 거치고, "이룬 것[興]"에 대해서는 재정립하는 일을 더해 순자의 '방법으로서의 정'을 말할 수 있을 것이다. 이것은 기존 유가가 고집해 온 정명에 대한 이의 제기이며, 이것이 곧 순자의 이질화이다. 형식과 내용에서 차별화하며 이질화시킨다.

내용과 형식 측면에서 종전의 글쓰기에 대한 이질화가 〈성상〉과 〈부〉 편을 통해 이루어진다. 형식에 있어서는 동시에 여러 이질적인 것들을 모두 받아들여 포용[兼容而包]하며, 〈성상〉과 〈부〉의 독자층은 위정자층임에도 사대부 지식인이 향유하던 형식을 비틀어 본다.

순자의 정명의 원리는 유가의 정합성에 맞지 않는 것은 소거되고, 시가문학에서도 내용적인 측면에서 후왕의 유가적 논리에 부합되지 않는 것은 절대적으로 탈락되지만 형식적인 측면에서는 이질적인 것들을 서로 잘 어울리게 조화시키는 작업을 통해 절충적인 면모를 보이고 있다.

이처럼 순자는 〈성상〉과 〈부〉라는 장르를 통해 정치적 안정의 "설득을 위한 다양한 보조 장치를 동원하는 모습을 보여 주고 있

---

23 《史記》〈孟荀卿列傳〉: "荀卿嫉濁世之政, 亡國亂君相屬, 不遂大道而營於巫祝, 信禨祥, 鄙儒小拘, 如莊周等又猾稽亂俗, 於是推儒·墨·道德之行事興壞, 序列著數萬言而卒, 因葬兰陵."

다."[24] 예를 들어 그는 남방의 문화, 통속적인 민간 가요, 비유가적 非儒家的인 것 등에 대해 적극적으로 소통하고자 한 면모도 분명 있지만, 동시에 순자가 이질적인 요소들로 구성되는 개인·사회·세계라는 유기체 안에서 상정한 공동성은 새로운 유가적 질서이다.

끝으로 이와 같은 '인식론적 단절'이 불가피한 전국시대 말기에 순자가 보여 준 초극의 방법으로서 정正의 발견은 "순자가 상대적으로 특별한 문학적 성향을 가지고 있었음을 알게 해 준다. 그 것은 순자가 순수한 문학적 취향으로 이 두 편의 작품을 지었건, 풍화風化·교화敎化의 수단으로 문학을 이용하였건 상관없는 일이다. 앞으로 순자를 논의할 때에는 그의 문학적 면모도 충분히 고려되어야 할 것이다."[25]

---

24 그 다양한 보조 장치에 대해서는 아래와 같은 설명을 참고할 수 있다. "단순히 의미를 전달하는 문답에 그치는 것이 아니라 설득을 위한 논리, 역사 기록의 인용, 듣는 사람의 이해를 돕기 위한 우언, 그리고 자신의 불만을 토로하는 운문 등으로 장식되어 있다. 다시 말해서 담론이 과거와 같이 핵심적인 의미나 내용을 전달하는 데 그치는 것이 아니라, … 이 보조 장치에서 우리는 문자 언어의 사용이 더 복잡해지고 의미를 구축하는 방식도 매우 다양해지는 것을 볼 수 있다. 그것은 언어의 발전이었으며 동시에 문자 언어의 확장과 발전이었다. 핵심적인 의미나 내용을 기록하기 위한 것이라면 이 시기의 문자 언어가 그렇게 양적으로 확대되어야 할 필요는 없었을 것이다. 그러나 전국 시기의 지식인들에게 핵심적인 내용은 그리 중요한 것이 아니었고, 더 중요한 것은 그것을 어떻게 전달하느냐에 있었다고 생각된다. 이제 문자 언어는 소극적인 의미 전달의 도구에서 설득을 위한 도구로 발전하게 된 것이다." 서경호, 《중국 문학의 발생과 그 변화의 궤적》, 181쪽.

25 김성수, 〈荀子의 〈賦篇〉考〉, 《漢文古典研究》 28(1), 2014, 336쪽.

정리하는 말

이 글은 순자로부터 '왜 이질인가?'라는 의문을 제기하며 시작하였다. "초연결성은 이질성을 함축한다. 초연결시대 이질성의 근원을 이분법적 해체를 통해 접근하고자 하는"[26] 까닭은 오늘날 팬데믹과 초연결의 사회에서 이질의 가치를 발견하고 창출하는 것이 다양화되고 다원화된 사회의 전제 조건이 될 수 있기 때문이다.

이질의 가치를 발굴하고 드러내는 것은 새로운 가치를 인정하는 전제 조건이 된다. 이질성이 긍정될 때 공존은 자연히 수반될 수 있기에 이 글에서는 순자가 상이한 관점들 사이에서 양자를 결합하고 융합하는 방식을 검토했다. 인식론적 단절이라는 순자의 시대적 위기의식에서 비롯된 철학적 산물은 새로운 글쓰기 방식을 낳았다. 제자백가 시대에 순자가 겪었던 시대적 조건은 초연결, 포스트휴먼의 시대로 불리는 오늘날 사회의 대전환기와 다르지 않다. 오늘날 또한 초연결이라는 미증유의 이질적 가치 앞에서 누구도 자유로울 수 없다. 초연결의 시대가 이질에 대한 순자의 정명 방식처럼 우리에게도 인식론적 단절을 요구하고 있다. 동질성이나 일체성, 합일성, 제일성 등은 이미 '인식론적 장애물'이 되고 있기 때문이다.

---

26 강원대학교 인문과학연구소 엮음, 《초연결시대 인간-미디어-문화》, 도서출판 앨피, 2019.

단절과 재현 사이에서 |

참고문헌

《荀子》
《秦簡》〈成相篇〉
《史記》
《博物志》
《漢書藝文志》
《朱子語類》
魏源,《定庵文录叙》
梁啓超,《梁啓超論中國文學》

강원대학교 인문과학연구소 엮음,《초연결시대, 인간-미디어-문화》, 도서출판 앨피, 2019.
박성창,《수사학》, 문학과지성사, 2017.
서경호,《중국 문학의 발생과 그 변화의 궤적》, 문학과지성사, 2003.
송상용 외,《초연결의 철학》, 도서출판 앨피, 2021.
전통문화연구회,《역주 순자집해》(동양고전역주총서91), 2019.
內山俊彦,《순자 교양강의》, 석하고전연구회 옮김, 돌베개, 2013
白川靜,《常用字解》, 北京: 九州出版社, 2010.
김성수,〈荀子의 〈賦篇〉考〉,《漢文古典研究》28(1), 2014.
김지선,《《博物志》에서의 공간의 의미〉,《중국어문학지》12, 2002.
유희성,〈순자는 왜 이름을 중시하는가?〉,《범한철학》40(1), 2006.
李炳海,《《荀子·成相》的篇題, 结构及其理念考辨〉,《江汉论坛》, 2010.

초연결사회의 증후들

2022년 6월 30일 초판 1쇄 발행

지은이 | 김선희 · 왕훼링 · 우관췬 · 이지선 · 이민용 · 김여진
펴낸이 | 노경인 · 김주영

펴낸곳 | 도서출판 앨피
출판등록 | 2004년 11월 23일 제2011-000087호
주소 | 우)07275 서울시 영등포구 영등포로 5길 19(양평동 2가, 동아프라임밸리) 1202-1호
전화 | 02-336-2776   팩스 | 0505-115-0525
블로그 | bolg.naver.com/lpbook12
전자우편 | lpbook12@naver.com

ISBN 979-11-90901-89-5